宗圣故里的教育景观

ZISHENG GULI DE JIAOYU JINGGUAN

——南乐博文中学的成功密码

王三阳◎著

黑龙江教育出版社

图书在版编目（ＣＩＰ）数据

字圣故里的教育景观 ：南乐博文中学的成功密码 / 王三阳著. -- 哈尔滨 ：黑龙江教育出版社, 2021.6
　ISBN 978-7-5709-2368-7

　Ⅰ. ①字… Ⅱ. ①王… Ⅲ. ①中学－办学经验－南乐县 Ⅳ. ①G637

中国版本图书馆 CIP 数据核字(2021)第 122566 号

字圣故里的教育景观——南乐博文中学的成功密码
Zisheng guli de jiaoyu jingguan——nanle bowen zhongxue
de chenggong mima
王三阳　　著

责任编辑	徐永进
封面设计	文　玲
责任校对	张铁男
出版发行	黑龙江教育出版社
	（哈尔滨市道里区群力第六大道 1305 号）
印　　刷	四川科德彩色数码科技有限公司
开　　本	880 毫米×1230 毫米　1/32
印　　张	7.5
字　　数	180 千
版　　次	2021 年 6 月第 1 版
印　　次	2021 年 6 月第 1 次印刷
书　　号	ISBN 978-7-5709-2368-7　　**定　价**　46.00 元

黑龙江教育出版社网址：www.hljep.com.cn
如需订购图书，请与我社发行中心联系。联系电话：0451－82533097　　82534665
如有印装质量问题，影响阅读，请与我公司联系调换。联系电话：028-85125718
如发现盗版图书，请向我社举报。举报电话：0451－82533087

序言：

家文化造就"博文现象"

时代在发展，社会在进步。

当历史的车轮碾过五千年，进入我们的新时代，我们周围的一切都在随之变化。教育，这个亘古不变的话题也在与时俱进。

曾经，杏坛是一个时代的记忆；庠序是一个时代的标志；曾经，私塾是一个时代的符号；曾经……

而今，当我们国家进入了新时代，教育的体制随着社会的发展已经有了基本固定的模式。

均衡教育大背景下，民办学校作为社会主义教育事业的组成部分，为国育才成为总的办学方向指引下的新生力量，在全国各地雨后春笋，蓬勃发展。

诚然，在江河奔流的大势之下，国人也目睹了许多以追求孔方兄为目的的民办教育，看到了很多为某种利益驱动的民办教育，这，已经是不争的事实。

但是，在河南省濮阳市南乐县，广大老百姓因为博文中学的横空出世而拍手叫好，这，更是不争的事实！

因为，博文中学有很多与众不同的地方。

"天地之间有杆秤"，这是一句家喻户晓的名言。就因为，

· 1 ·

老百姓的眼睛是雪亮的。

从博文中学诞生的那一刻起，学校就有了自己的明确办学方向，要为国育才，为民族的振兴尽一分力量。

很多人在问：校长是干什么的？有人说，校长是为学校前行把握方向盘的人，是雨天里给师生撑伞的人。有人说，校长是陪伴学生、陪伴教师、陪伴家长一起修行的人。也有人说，校长工作的过程就是带领一群不完美的教师和不完美的学生一起走向完美的旅程。民办学校的校长何为？董事长说，民办学校的校长是执行办学人思想的人。校长说，民办学校校长在董事会的授权下要真正拥有独立的学校治权。而宋善玺校长的回答是，民办学校的校长主要做好三件事：一是用心打造一支业务能力强、幸福指数高的教师团队；二是靠这支团队提升学校教育品质，以学校的口碑和品牌吸引优秀生源，并且负责任地把他们培养成国家的有用之才；三是持续地做好前面两件事。

宋善玺校长作为博文中学的创始人和当家人，他所追求的是营造一种温馨的家文化，让所有人在这个大家庭中自由呼吸，顺势成长，提升品位，各展其才。

博文中学"将每一个学生当成亲生子女"，"将每一位家长当成兄弟姐妹"，真挚朴素的话语中透露出一种浓浓的情怀。

学校以"博文"为名，这二字的含义是"博士的摇篮，文明的基地"。博文中学的校训是："厚德、尚礼、博学、致远。"这个校训的每一个词语都经过了深思熟虑，赋予了深刻的含义：厚德——品德修养是做人的根本，尚礼——崇尚礼节彰显素养，博学——广泛学习厚实底蕴，致远——有远大理想有所作为。办教育，培养什么样的人，已经在这个校训中体现得十分明了。

根据自己的平生感悟和教育理念，宋善玺校长强调要五育并举，让学生德、智、体、美、劳全面发展，在《写给教育同仁的心里话》中充分表达了自己的观点。

他希望老师们切实重视学生的品德教育，杜绝培养"高分低品"的人才。教学固然要重视学生的成绩，但不能仅仅盯着考试分数。有一句名言："让学生终身幸福，不仅仅靠高分。"无论何时何地，品德教育应该永远放在第一位。厚德方能载物！做学生能够"品学兼优"，从政才有可能"德才兼备"，从艺才有可能"德艺双馨"。没有品德作支撑的"才"，是无用的"才"，甚至是有副作用的"才"。

宋校长特别重视学生的身心健康，号召老师力戒将学生培养成"高分体弱""高分低能"的人。孩子们能否担当重任，身体很重要。身体是革命的本钱，也是建设的本钱，要切实加强学生的身体训练。我们培养的是国家未来的栋梁，绝不是培养答题的机器，高分低能、高分无能的残品。为什么如今不少大学生走向社会找不到工作干不好工作？为什么我们中国的教育有诸多诟病？在各级学校对学生的能力培养方面不能说没有缺失。平时我们称那些只会读书、读死书而缺乏实际工作能力的人为"书呆子"，我们看不起这些人，我们也决不能人为地制造这样的人。叶圣陶说过一句意味深长的话："教育是农业，不是工业。"农业是栽培作物，农业产品是有生命力的，有它自身的特点和生活习性，有属于它自身的内在力量。对于这种内在力量，外部环境不能彻底改变它，只能因地制宜，因时制宜地满足它。而且，不同的农作物有不同的生长季节,有不同的栽培方式,有经验的农民都懂得要适时追肥浇水,适时除草松土;既不能拔苗助长,也不能强制它不生长。从某种程度上讲,教育是"发现",教师需要用专业的眼光,发现学生到底是一粒什么种子,进而进行有针对性的教育和培养。

在宋善玺校长的眼里,做教育的目的就是让学生在快乐中成长,而快乐的学生源于幸福的老师和幸福的父母。博文中学做的是幸福教育,一直致力于"家长、学生、老师"三位一体的幸福打造,这里的老师是幸福的,有了幸福的老师,学生怎能不快乐呢?

正因为博文中学从孩子的未来发展着眼,为孩子的一生幸福着想,从孩子的素养能力着手,遵循孩子成长规律脚踏实地办教育,才有了学校的稳步发展,创造出了中原大地教育的"博文现象"。

老百姓的评判是最有说服力的。家长们这样说:"攀登理想之巅,没有一蹴而就的捷径,只有奋斗拼搏,力争做一个对社会有用的人才。家长们都相信选择大于努力。让我感到幸福和自豪的是,我和孩子共同选择了博文中学。它以不一样的办学理念,赢得了社会较高的赞誉。每次来到博文中学,总能听到学生们朗朗的读书声,看到课堂上师生之间活跃的互动,博文中学的一切都让我感受到了那份深入骨髓的责任感。更相信有这样的校长为孩子们引路,孩子们必能在人生的开端破茧成蝶、勇攀高峰!"

博文中学的老师自豪地说:"博文学生成绩不一定是最好的,但一定是素养最高的;博文学生不一定是最优秀的,但一定是最懂感恩的;博文学生不一定是最聪慧的,但一定是最努力的。只要你想，总有一方舞台会为你搭建，丰富多彩的社团为博文学子提供了除学习之外的更多练武之地。"

幸福家文化成就了博文中学。

为博文点赞，为博文喝彩！

王三阳

2021年2月8日于风筝都

目 录

第一章　中原大地好学校

第一节　文化底蕴可熏陶

在中原大地，河南省濮阳市南乐县，因为造字圣人仓颉，使得这片土地厚重了许多，神奇了许多。

仓颉，古籍中称之"龙颜四目，生有睿德"。相传为中国原始社会后期黄帝的左史官。据历史记载：轩辕黄帝兴起之后，黄帝的左史官仓颉苦于原来用于记事的绳结虽有大小和形状区别，但年久月深，难于辨识。于是呕心沥血数十载，仰观奎星环曲走势，俯瞰龟背纹理、鸟兽爪痕、山川形貌和手掌指纹，从中受到启迪，根据事物形状创造了象形符号并加以推广和使用。

仓颉以此造出的形象，遂称为文字。仓颉所创的文字有六类大意，一是指代事情的字，如"上、下"；二是指形象字，如"日、月"；三是指形声字，如"江、河"；四是指会意字，如"武、信"；五是指转注字，如"老、考"；六是指假借字，如"令、长"。指事情的文字，在上为上，在下为下。指象形的文字，日满月亏，仿照其形。形声的文字，以类为形，配之以声。会意的文字，止戈为武，人言为信。转注的文字，以老寿考也。假借的文字，数言同字，其声虽不一样，文意相同。所以，自黄帝到夏商周三代，文字一直沿用未曾改动。

仓颉造字成功之日，普世欢腾，感动上苍，把谷子像雨一样哗哗地降下来，吓得鬼怪夜里啾啾地哭起来，即《淮南子》记载的"天雨粟，鬼夜啼"。

仓颉把异体殊形的文字统一起来，使文字系统化、整齐化，对后世产生深远的影响。《说文·序》中记载，秦统一之前，分为七国，各国之间"言语异声，文字异形"。秦始皇二十六年（前221年）统一中国之后，效法仓颉推行"书同文字"，强制对文字进行大规模的整理和规范。"随想李斯乃奏同之，罢其不与秦文合者。斯作《仓颉篇》，中车府令赵高作《爰历篇》，太史令胡毋敬作《博学篇》，皆取史籀大篆，或颇省改，所谓小篆者也。"秦朝统一和简化文字，采用小篆。由此可见，仓颉作为汉字的发明者，为汉字的发明做出了突出的贡献。堪称惊天地、泣鬼神的壮举。

历史的洪流滚滚向前，文明的传承代代不断。

2012年，在南乐县，博文中学横空出世，短短几年的时间，便声名鹊起，社会美誉度连连攀升。很多媒体纷至沓来，对博文中学进行宣传报道。

在博文中学，宋善玺校长一直坚持事业至上，办幸福学校，做幸福教师，育幸福心灵，塑幸福人生。把教育作为一项事业、一份责任去追求，让学校生活给孩子留下一生最为美好的记忆，让学校教育成就孩子的梦想，让学校成为孩子一生最眷恋的场所。坚持以人为本，以师生的发展和幸福为出发点，尊重师生的个性差异，使一切有利于人的发展的愿望得到尊重、行动得到支持、才能得到发挥、成果得到肯定。坚持实事求是，尊重教育发展规律，立足本校实际，努力为师生创设快乐和谐的校园生活环境，营造尊重、理解、宽容、和谐的校园文化氛围，使师生感受到学校的温暖，体会到学习、生活和工作的快乐，获得来自教育的幸福。

宋善玺校长用海纳百川、包容博大的情怀，从老师的实际需求出发对老师热情相待，不以透支老师的健康甚至生命为代价搞短期行为，始终为教师的家庭和谐、终身幸福考虑。真正让在校时间长、贡献大、学生认可、专业水平高的老师有为、有位、有奔头，为他们提高待遇，解决后顾之忧。在教师职业生涯规划中将见习、正式、骨干、精英、功勋教师分门别类，待遇拉开。宋善玺知道教师们能安心工作，跟家人的大力支持是分不开的，每年的父亲节、母亲节，他都会贴心地给老师的孩子和父母亲分别献上精美礼品，替老师们向家人表达一份爱意。在老师的存留去转上，宋校长这句"来了是朋友，离开是亲戚"的名言被广为传颂，他确实具有有容乃大的胸怀，目前虽有离开的老师，但他们仍是博文的忠实朋友，仍会留在"博文一家人"的微信群中，经常互动。

2016年暑假，《濮阳日报》的记者来到博文中学，对学校创始人宋善玺校长进行了专访。从下面的访谈中，我们可以领略到宋校长的情怀。

记者：博文中学建校仅仅四年，刚刚送走两届毕业班，学校的知名度很高，可谓好评如潮，名声远扬。学生的素养以及中招成绩，受到全县的广泛认可和高度赞赏。南乐县20所初中，据说2015年全县前十名，博文中学占有4名，今年全县前十名占有5名，而且还夺得了状元和榜眼。被省示范性高中录取的比例在全县遥遥领先。是您领导有方啊！

宋善玺：过奖了！说句不谦虚的话，几年来，学校确实取得了骄人的成绩。这些成绩的取得，自己固然播撒了一些汗水。但，大家知道，我一个人浑身是铁，能捻几颗钉？成绩的取得主要源于学校有一支十分优秀的教职工团队。

记者：哦！是啊！打造一流的学校，必须有一流的团队。您说说，您这支优秀的团队有哪些突出表现啊？

宋善玺：我们这支团队，团结、尽责、创新。

我们这支团队是一支团结的团队。全校各处室之间相互协作，各年级组、教研组同心协力，你追我赶，心往一处想，劲儿往一处使，互相补台不拆台。人人心情愉悦，团结和谐。

我们这支团队是一支尽职尽责的团队。大家一个个爱校如家，不分分内分外，尽心尽力，积极主动，争先恐后，从不互相推诿，可以说是"不用扬鞭自奋蹄"。

我们这支团队是一支勇于创新的团队。人人有创新意识，人人有"极致"观念。挑战自我，战胜自我，超越自我，努力向先进学习，学习最好的他人，做最好的自己。

记者：的确是一支不同寻常的团队。能举些例子说说吗？

宋善玺：在今年九年级毕业典礼上，我告诫学生务必要懂得感恩。为了大家能掌握更多的知识和能力，有良好的素养和美好的前程，为祖国为社会做更大的贡献，老师在同学们身上付出了很多很多。我列举了魏丽芳、王利凯、常晓雷三个人的典型事例。

魏丽芳老师是九年级年级主任、一班班主任，担任两个班的英语课。家里有一个不到六岁的女儿。一年年寒来暑往，不管刮风下雪，她起早贪黑陪伴着学生，教育着学生。小女儿没睡醒她来到了学校，她从学校回家，小女儿又入睡了。在我的记忆里，三四年来，除了两三次因为孩子发烧早晨早操不能按时到校外，她从没缺过一次勤。她以身作则，率先垂范，从没和任何老师红过脸，整天笑容可掬。她"一马当先"，带领大家"万马奔腾"。可以说，她几乎把全部的爱献给了学校，献给了学生。她用自己的实际行动实践着"披星戴月育桃李，甘架云梯舞彩虹"的博文中学的"教师精神"。

王利凯老师参加学校的师生运动会，在1 000米赛跑参赛选手中，他身体瘦弱，个子矮小，没任何优势，但他毅然参加，当大家都跑到终点后，他在最后面仍然坚持奔跑，就要到达终点的时候，他绊倒在地，用尽力气爬过终点后，他竟晕了过去。他这种积极参与的精神、持之以恒坚持到底的精神和勇于拼搏的精神，被我们称之为"王利凯精神"。王老师这种精神，不仅表现在赛跑上，也同样表现在他的教学和班级管理上。

常晓雷老师，担任毕业班的班主任和历史课。心系学生，为了尽量不耽误学生的课，举办完结婚典礼两三天，就走上了讲台。春天，不小心上下楼崴着了脚，脚面胀得老高，在家休息，他还不断通过电话、短信等渠道过问学生情况，怕时间久耽误了孩子学业，他脚还没有好利索就回到了教学岗位。

老师们如此，职员、生活老师一个个也都是如此，心系博文，心系学生，爱校如家。王瑞荣老师是教务处职员，负责图书馆管理。初夏的一个周日下午，突然天下暴雨，她担心图书馆房顶漏水淋坏了书籍，让爱人骑电车带着她飞驰般赶往学校，不顾全身淋得透湿，飞也似的奔跑到五楼图书室，仔细查看房顶和书架。郭艳丽老师是学校的生活老师，一次在街上骑着电车不幸被人撞倒，面部着地。在医院治疗期间，还不放心学生，不等痊愈，脸部青黑，肿胀老高就回到了工作岗位，一个爱美的漂亮女子整天戴着一个大口罩，来回走动在两层楼各个寝室。

记者：嗯。听您娓娓道来，如数家珍。真是一支优秀的团队！请问您是如何带出这一支团队的？

宋善玺：应当纠正您一句，不是我怎么带出这支团队的，而是我们校委会领导班子怎么带出了这支团队。赵校长为人和蔼、谦虚，心地善良，乐于助人，以身作则，业务精湛。苑校长工作严肃认真，一丝不苟，雷厉风行，不怕吃苦，坚持原则。在我和两个副校长以及其他班子成员的共同带领下，我们齐心协力，不断进取，才有了这样一支团队。具体讲，我们主要做了三个方面的工作。

第一，目标引领。2012年学校刚刚开始建校，当时全县已有公立和民办初中18家。这些学校都具有一定规模，有多年的办学经验。有的已多年稳居领先位置，享有相当的知名度。作为新办学校，如何才能立住脚？怎样才能赢得广大学生家长的认可？当时经过深入的探讨和认真的分析，我们确立了学校的定位：要办一所有特色的品牌学校。接着，确立了学校的校训、校风、学风、办学、管理等核心理念。同时还确立了"建豫北一流学校，育国家栋梁人才"的办学目标。为实现这一目标，我们制定了"三步走"方针：即2012—2015年实现南乐一流；2015—2018年实现濮阳一流；2018—2022年实现豫北一流。

目标确定，方向明确。大家及时选准了位置，认准了角色。正像一驾马车，目的地明确了，大家心往一处想，劲往一处使，形成了一种合力，团结一心往前奔。

第二，真情服务。教师是一种高尚的职业，同时更是一种辛苦的职业，是一种高强度的脑力劳动。要想让老师们勤奋工作，乐于奉献，作为校领导必须为老师们奉献在先，服务在前。为了让老师们能够安心地工作，进而能够舒心地工作，学校在老师们的生活工作等方面努力搞好全方位的服务。对个别老师的具体问题尽可能地给予帮助。如，为了解决老师（特别是一些大龄老师）的婚姻问题，通过各种关系为他们牵线搭桥；几位老师的子女在县城就学遇到困难，积极为他们协调；几位老师带有家属住房有困难，积极想法为他们张罗；两位老师家中建房一时经济困难，积极帮助他们筹措资金，解燃眉之急……

2014年儿童节，学校为老师中有在幼儿园或小学就读的小朋友准备了一份礼物，并以校长的名义给他们写了一封信，告诉他们，父母在博文工作，虽然很辛苦，没有过多时间关爱他们，但父母从事的工作很伟大，务必要他们尊重父母，理解父母，感恩父母。2015年母亲节、父亲节，学校分别为全体教职工的父母准备了装有一只口杯和一条毛巾的小礼盒。校长也附带了一封信。感谢他们培育了好孩子，感谢他们体谅并支持孩子们的工作。同时，为培育好祖国的下一代，因工作太忙，做子女的不能过多地在膝前尽孝，请他们予以理解。2016年起，学校又为老师们每人定制一份生日蛋糕（可以为个人，也可以为亲属），表达对老师们的关爱之情。

学校对待每个教职员工像对待家人一样，真情关怀，真情服务。全体教职员像爱护自己的家一样，爱护着学校。

第三，助力成长。博文中学要办"远大"教育，为师生的终生幸福着想。2015年5月，学校又加入了全国幸福教育联盟，要切实打造幸福学校，培养幸福老师，教育幸福学生。师生受到应有的关爱和尊重，是幸福，自身能得到快速成长，也是幸福。为更好地助力老师成长，学校实行了以下措施。一是结对帮扶。新教师刚迈上讲台，教学热情高涨，精力充沛，但教学经验不足。为了让他们尽快成长，指定老教师一帮一结对帮扶。很多新教师虚心学习，两三年下来都成了骨干教师。二是打造读书团队。学习名人经验，站在巨人的肩膀上攀登，是教师成长的捷径。学校规定每学期以年级和学科为单位，各位老师共读一本书，同时要求大家每学期自行安排读几本书，并要求写出自己的读书笔记或心得体会。三是搭建展示平台。学校每两周举办一期博文讲坛，老师们自荐轮流做主持人，轮流主讲，讲自己的教学体会和经验，讲自己外出学习的理念和心得，等等。人人都是学习者，人人都是讲授者，人人都有展示锻炼的机会。四是总结反思。每学期给老师规定上交一定数量的教学反思、教育故事和教学论文。让大家在教学实践中不断总结经验和教训。五是大量选派教师外出学习。两三年来，学校选派几百人次到市内外、省内外听专家讲座，观摩学习。如，选派教师到山东泰安、杜郎口学习；选派教师到深圳参加深派教育论坛（班主任及精英教师培训）；选派教师到重庆参加全国文化作文和文化教学大赛，等等。通过一系列方法和措施让教师开阔视野，解放思想，向精英教师和专家取经求教，助力教师快速成长。目前已培养出王雪芹、李志蕊、常振华、马剑飞、苏志杰等一批骨干教师和学科带头人。

记者：嗯！很好。成功和光鲜的背后都是有原因的。听您一席话，我算明白了博文发展的轨迹和成功的秘诀。谢谢！

宋善玺：不客气。博文这只航船才刚刚起航，我们知道，要想驶向那成功的彼岸，路途遥远，烟海茫茫，很可能会遇到巨礁和险滩，也可能遇到风浪和骤雨，我们一定会带领这支团队，劈波斩浪，勇往直前！

第二节　欲栽大木柱长天

南乐博文中学创办于2012年，至今虽然只有短短八年的时间，但是，其名号在豫北乃至中原大地却已经蜚声遐迩，几乎无人不知，老百姓都因为孩子能够进入该校读书而感到莫大的荣耀。是什么原因让这所学校快速崛起？一所学校成功的密码又是什么？一位好校长就是一所好学校，这是众人皆认可的道理。今天，我们就来认识一下博文中学的当家人——宋善玺。

校长应该有怎样的"功利心"

宋善玺校长认为，办学应该有"功利"，但绝对不是眼前的功，不是个人的利；而是"千秋功""万代利"！是"民族功""国家利"！没有长远的眼光，绝对办不了长远的教育！

为谁办学？培育什么样的学生？怎样培育？这是校长不可回避而且必须明确的三个问题。这些问题不明确，短则影响办学效果，长则关乎办学方向！

对于这些问题，宋善玺校长给出了自己的答案。

为谁办学？这本应该不是问题，但现实中，未必是所有校长都明白，有的是说起来明白，做起来不明白。有的校长是为领导办学，为个人办学。上级领导任命自己为校长，所以要为领导负责，一切唯领导马首是瞻，领导爱好什么、强调什么，就重点抓什么。要么，把学校当跳板，为个人捞政绩，摆花架子，搞形式主义，做表面文章……以上情况，有人称之为"政治家"办学。还有的把学校当作赢利工具，争取个人利益最大化，为个人私利办学。这种情况有人称之为"企业家"办学。

学校不管公办还是民办，都是为国家办学，为人民办学。这一宗旨什么时候都不能变！

培育什么样的学生？在应试教育的大背景下，一些学校屈从于部分家长和社会舆论的压力，以升学率为唯一标准，不注意培养学生德智体全面发展。"高分低能""高分体弱""高分低品"等现象时有发生。不懂感恩、不孝顺父母、品质低下，能成为家庭支柱、社会栋梁吗？弱不禁风、身体羸弱、心理不健康、经不起一丁点儿压力和挫折，能成为幸福家庭、幸福社会的建设者吗？……一些学校以成绩论英雄，致使部分学生"压力山大"、望难止步，完不成九年义务教育，过早辍学；还有些学生家庭教育缺失，习惯差，不遵守纪律，东推西推，被推向社会。这些学生知识能力储备不够，社会适应能力差，甚至有的沾染恶习、好逸恶劳，他们是社会潜在的危险因素！

这应引起教育者尤其是教育管理者的深思。

所以，应真正把培养健全的"人"放在突出位置，学习成绩的佼佼者，还要在其他方面和谐发展；面对后进生不抛弃，不放弃。

怎样培育？宋善玺校长认为，学校应把德育放在第一位，仅仅校长有这种理念不行，仅仅领导班子有这种理念不行，必须学校全体教职工统一目标，统一认识，尤其是全体教师必须信念坚定，充分利用一切机会进行熏陶和渗透，要潜移默化，要春风化雨润物无声，重教书更重育人。

在博文中学，宋善玺要求所有教师不做教书匠，争做教育家，结合教育教学实践，书写教育故事，提升自己，借鉴他人。

再好的理念、再好的想法，没有系统的、具体的、可具操作性的措施，要么是纸上谈兵、徒有虚名，要么就是零敲碎打、支离破碎，效果也将大打折扣。所以，措施要得力。学校应有完善的育人体系，人人做导师，人人抓德育。

很多时候，一些制度、措施都很好，就是在执行过程中，要么执行能力不够，要么执行决心不大，落实效果不理想。所以，对于已经确定的目标一定要加强执行力，让制度、措施真正落地，才会收到预期的效果。

宋善玺校长告诉大家：办学的功利，学生长远发展是最大的功，民族的未来是最大的利！

把学校办成一个其乐融融的大家庭

与博文中学的老师们交流，你会被他们那种发自内心的幸福感所感染，大家众口一词，纷纷表达博文中学一家亲、幸福围绕你我他的喜悦。

王自超老师来到博文中学六年了，谈起自己的感受，他抑制不住地笑意盈盈："让我时时感到幸福满满，如果让我来细说，可能一天的时间也不够用。所以，我只能挑一些重点。感谢宋校长为我们营造出了博文一家人的理念，让我们走进博文中学，见人人亲，见物物恋。恋恋不舍总是想早进校晚下班，哪用什么上班签到下班打卡的破制度，我们坚信，博文中学现在不用，将来也不用。我们每一个博文人都愿意在博文大家庭里长期相处。"

打开话匣子，王自超老师说得最多的是两个字"感谢"，在他心里，宋校长的人文关怀体现在方方面面，体现在细枝末节，体现在无时不在无处不在。在博文中学，一年当中到底有多少"节日"谁也说不清楚，母亲节、父亲节不用说了，什么"苹果节"，什么"'杏'福节"，这节那节，不知道什么时候，老师们就会收到宋校长送给大家的各种各样的礼物。在王自超老师的记忆中，2017年的母亲节显得格外特别分外温馨。"那次，宋校长给我们每人发了一把木梳，献给亲爱的母亲。我回到家和母亲说，今天是母亲节，我们宋校长给全体老师送了一把木梳，让大家送给自己的母亲。宋校长还让我告诉您，'经常梳头，头脑清晰，健康长寿。'"听了这话，母亲马上说："你校长真好，你真有福气，可要好好干啊！"王自超和母亲说："宋校长说，我表现好，主要是您教育得好，宋校长说给您送把木梳是应该的。"与老母亲说着笑着，母子俩泛起了幸福的泪花。王自超老师的母亲一直在用那把木梳，每次拿在手中，都会有一种美滋滋的感觉，"我母亲现在没有一丝白发，身体很健康。"王自超老师自豪地说。

李艳霞是一位刚毕业参加工作的年轻教师，经验不够丰富，认为"严师出高徒"就是要严格对待学生，只要声音盖过学生，学生就会对自己产生敬畏之心。因此，经常吼学生，班级管理的效果却并不理想。

一次，班里有位闫姓同学因为对家庭比较依赖，有天晚上，跟语文老师闹了矛盾，李艳霞老师在对其教育的过程中，两人发生了争执，一气之下，李艳霞给该同学家长打电话，说话比较强硬，"今晚无论如何必须把孩子接回家"。那天晚上是初冬的第一场雨，而且还是大雾天气，家长没有来接。后来李艳霞才知道，因为孩子奶奶生病了，家里人都在濮阳，确实不方便。了解了内情，李艳霞感到挺惭愧的，当时真的有些冲动了，太不冷静了。

随着在博文中学工作的时间增加，李艳霞有了明显变化。"宋校长在开会时传达的一些观念，以及一些优秀老师的分享，让我开始反思，我不能一直这样管理班级，学生容易唱反调，我也不高兴。听了那么多的经验分享，我开始改变。首先是改变我自己，遇事不发脾气，生气时不处理事情，学会控制情绪，学会倾听学生的理由，学会给学生机会，再结合一些学校的改革，小组合作管理，多管齐下等等。这样，我带的班级越来越好，也让我自己越来越优秀。2019年，家长送我一面锦旗，我觉得这面锦旗就是我改变后的成功。"

对于李艳霞老师来说，在博文中学感受到的不仅仅是成长的快乐，还有很多事情让她感到幸福，难以忘怀。"去年，我婆婆因为股骨头坏死，前后做了两次手术，没办法帮我照看两岁多的儿子，我爱人是位医生，那半年他又要出去进修。

家里再也找不出一个人来帮我照看孩子。无奈之下，我向领导提出辞职，宋校长了解到我的困难，作出了一个让我意想不到的决定：给了我一间单人宿舍，并允许我跟孩子在学校住，白天孩子在托班上学，晚上跟我在学校。这样的待遇，在其他学校是不可想象的。但是，在我们博文中学，却似乎很平常。因为带孩子，我感到给学校添了很多麻烦，可是宋校长对我说，'把学校当作自己的家，心里就踏实了。'我很感谢领导对我的帮助，让我有所依靠，真的就像在自己家里一样，那样温馨，那样亲切。我真的觉得在博文这六年成长了不少，也觉得班级管理不像原来一样难，生活也过得很幸福，我觉得我正在幸福的道路上行走。"李艳霞一边说着，一边擦着激动的泪水，话语中充满着感激，也充满着自豪。

宋留英老师2018年8月27号来到博文中学，现在是学校德育处副主任，思路敏捷，说话富有条理。"来到博文中学，我感受最深的主要有以下四点：第一，宋校长是一个平易近人、和蔼可亲的大家长，他从来没有在大庭广众之下批评过任何一个师生；第二，宋校长倡导同事之间像兄弟姐妹一样相处融洽、互帮互助、亲如一家；第三，宋校长经常花重金把名家、名师请进来，让老师们与名家名师面对面交流思想问疑解惑，同时，让我们走出去，学习外校的先进经验，全方位培养老师，为老师快速成长提供各种平台；第四，浓浓的人文关怀，除特殊的节假日给每位家人福利外，其他的也有，每人一张生日蛋糕卡，母亲节、父亲节、三八妇女节等等学校都会不惜花费给全体教职工发礼品，处处体现了校领导既关心关爱职工，又关心关爱教职工家属的博大精神，使每个博文人及家属都能感受到博文大家庭的温暖。我们能在这样一个充满幸福、温暖的氛围内工作感到很舒心，总有一股用不完的劲儿，把领导安排的任何一项工作做好成为我们每一位老师的内在自觉。"

搭建平台助推教师专业发展

在宋善玺校长的教育词典中，有一个非常重要的理念是，教师是学校的第一财富，有了教师的健康成长，才会有学校的可持续发展。于是，宋校长想尽千方百计，为教师搭建成长的平台，营造发展的空间，助推教师专业化发展。

博文中学建校之初，宋善玺校长便倡导全员阅读，营造了浓郁的书香校园气息。在他的影响之下，在全体博文教师中掀起了"读书热"，人人读书，天天读书，大家获益良多。2018年12月，尝到读书甜头的乔焕平老师发起了"微笑阅读"活动的倡议，一时间，响应者众多，"博文满园飘书香"。

李志蕊老师感受颇深。她说："博文中学通过建设高标准的图书室和微笑阅读，让我们能'与许多高尚的人对话'，让我们能借读书提高素养，用知识润泽心灵。"李志蕊老师专门写了一篇文章，既表达了自己的体会，也反映了全体老师的心声：

"书卷多情似故人，晨昏忧乐每相亲。"当你的苦闷在书籍中得到开解时，当你的愉悦在书籍中得到共鸣时，当你的疑惑在书籍中得到诠释时，当你的设想在书籍中得到证明时，你就会认为书籍是多情的故人，是我们须臾不可分离的朋友。

"一日读书一日功，一日不读十日空。"读书贵在坚持，重在积累。请不要以忙为借口，因为"时间就像海绵里的水，只要愿挤，总还是有的"。开始读书时，我们可以给自己列一个读书计划，也可以借助"读书打卡"的活动来提醒自己。当领略到读书的真谛之后，当读书的习惯养成以后，读书就会成为一种无须提醒的自觉，就如每天的洗手吃饭一样，自然而然。读书时就会有一种与恋人亲密约会般的幸福，"一日不见，如隔三秋"。

读书可以医愚，可以美容，可以提升气质。培根也曾说过："读史使人明智，读诗使人灵秀，数学使人周密，科学使人深刻，伦理学使人庄重，逻辑修辞使人善辩。凡有所学，皆成性格。"面对浩如烟海的书籍，我们不要贪多，"弱水三千，只取一瓢饮"。毕竟人的精力是有限的，人的兴趣是不同的，所以读书也不可盲目从众，不可胡读乱读，应付差事般地读，而是要根据自己的兴趣、特长或不足以及不同的时间和环境来读。

读书时我们可以把几本相关的书同时读，使其相互补充相互印证，也可以专心读一本书，对其进行详细的探究和考证。正如我们平时所说的教学中"教无定法"一样，读书也没有固定的方法。毕竟合适自己的才是最好的。

除了读书，宋善玺校长还十分注重引领老师们进行反思。

华东师范大学著名教授叶澜曾经说过一句教育同人都耳熟能详的话："反思三年成名师。"在博文中学，老师们每节课后有反思，每个月、每个学期都有反思，反思已经成为老师们的自觉习惯，很多老师在反思中改进，在反思中提高，在反思中成长。很多教师都深有感触。

让我们来欣赏王雪芹老师的反思笔记《种子发芽你别急》：

打开一个老南瓜，准备做南瓜粥，一刀切下去，眼前的情景把我惊呆了——你别担心，我并没切到手上，是这南瓜肚子里的南瓜子，让我出乎意料——有几粒种子，在南瓜的肚子中发芽了，白白嫩嫩的芽儿长了三四寸长，细长细长的嫩芽尖上顶着两片淡黄色的胚叶，如此娇嫩！它们在南瓜肚子里交错纵横，很是惹眼，仿佛一肚子的南瓜子都在蠢蠢欲动！

这是怎么了？它们在应该蓄积养分的时候怎么发芽了呢？

我用手小心地捏起一个嫩芽，尽管我是如此的小心谨慎，它还是在我手中折断了！再看看其他几个嫩芽，一样的脆弱，一样的难禁触碰，那从未见到过阳光而如此苍白的细长细长的茎和胚叶，显得楚楚可怜！我不禁为这些太急着发芽的种子悲哀了！此时的嫩芽，无论我如何的谨慎和爱怜，无论我怎么慷慨地给它阳光和土壤，它们都难逃夭折的命运，而那种子，已是耗尽了生命的精华，只剩一个干瘪的外壳！再也没有机会扎根土壤拥抱阳光，再也没有机会开花结果，笑对蓝天白云！

一粒种子，你就是一个生命的神话！今天养精蓄锐，只为一朝栉风沐雨绽放生命之花，成就一段生命的传奇。只要没有腐烂，你终要发芽，但绝不是现在！你看身边的兄弟姐妹，粒粒饱满不急不躁地等待，它们一旦落地生根，就会在春风中茁壮，在秋天里结果，而你，再也没有了明天，没有了未来！

没有阳光没有土壤的生命，怎不让人感叹惋惜！能够沉睡，真是一种幸福；过早的萌动，也许就是一场灾难的开始！

种子发芽你别急——千万别着急！

宋善玺校长把老师推上广阔的舞台，让老师们在参加众多活动中开阔眼界，提高水平。

作为博文中学的老师，郭聚花和其他老师一样，在外出行走中深刻体会到成长发展的幸福。

2018年12月，郭聚花和户奇允老师参加全国幸福教育发展共同体的第八届年会，要进行讲课比赛。这一次，两位老师受到了特殊的待遇：宋校长亲自开车和她们一起去。

到达预订的宾馆，安顿好食宿之后，郭聚花和户奇允就开始准备明天要讲课的内容。"咚咚咚"，有人敲门，原来是宋校长来了。"郭老师，你看这张图片有用吗？我发给你吧！""谢谢宋校长！"大概过了二十分钟，宋校长再次指导，"奇允，我觉得你的课件中有一个地方可以这样修改……"看着宋校长的背影，一种敬意油然而生。

等宋校长走后，郭聚花问户奇允："有什么感觉？"户老师脱口而出："好像亲爹关心一个女儿。"郭聚花又问："想不想知道我的想法？""说说看！""我想起了自己参加高考那年父亲送我的情景，我清楚地记得，当时父亲一会儿问我这准备了吗？那件东西拿了吗？宋校长的做法和父亲有区别吗？好像他比我们还要紧张。""我也有这种感觉。"

两个人交谈之间，一股幸福的暖流溢满全身。当然，这样的感受，不仅仅她们两个人体验过。

宋善玺校长注重与名校联手，拓展学校发展空间。

2020年8月26日上午，宋校长带领张占国等四位老师来到山东省莘县翰林学校参加结对交流活动，与翰林学校王雪宽校长签订了资源共享合作协议。

一年之前，宋校长曾经到翰林学校参观过，留下了深刻的印象。翰林学校以"礼爱"为校魂，以"领先"为校训，以"让教师成功，让学生成才，办人民满意的教育"为办学宗旨，在"学校发展规划中心"的总体规划下，在教学上以"课程研发中心"为引领，管理上以"学生管理中心"为引领，以年级为实体，以课程为载体，以"绿色生本课堂""一二三四五"教学模式为阵地，实行"德育课程一体化"，设置生态化的学科课程、特色化的校本课程、个性化的活动课程、自主化的习惯养成课程、信息化的共建共享课程、民主化的学校管理课程六大课程，让学生在自主学习中提高了素养、得到了发展，在自主管理中锻炼了能力、品味了幸福。

同为全国幸福教育发展共同体的成员学校，如何实现强强联手共同发展，是宋善玺校长一直思考的问题。"学校有院墙，教育没围墙"，学校要最大限度地传播正能量。博文中学从建校那天起就以卓远的目标、博大的情怀为己任，高起点、高质量、高标准，以"厚德、尚礼、博学、致远"为校训，确立"强化德育教育，教学生先做人后成才；践行启发教育，让学生快乐学习，知行合一"的办学理念。建设一所特色且久远的学校，努力成为教育创新的倡导者、实践者，并领航"远""大"教育的长跑。

"教育是国家的，不是某一所学校的。"这次两所学校结为幸福联盟校，在逐渐建立和完善访学制度后，能够进一步促进教学质量提升，在育人方面也会有新的突破。博文中学的品位和声誉一定会与日俱增。

把幸福的种子播撒在每一个人的心中

宋善玺校长是一个懂得感恩胸怀宽广的人，他总是站在别人的角度思考问题，愿意让身边更多的人因为自己而更加幸福。这一点，每一位博文人都深受感动。

2020年6月19日下午，宋善玺接到儿子的信息："老爸，幼儿园安排周末体检，周末父亲节我们回不去了，到时候视频吧。"

看到儿子的信息，宋校长忽然想到，父亲节就要到了，不由得想起了自己的老父亲。虽然父亲去世二十六年了，但是，每当想起，老人家的音容笑貌就在眼前。父亲对自己的教诲永记心田，不曾忘记。在父亲的教导和影响下，宋善玺矢志不渝做一个好人，做一个善人。

宋善玺至今还记得，1985年，老家盖房子。还不到三十岁的他，第一次主持建房子。房子马上就完工了，父亲问啥时候付给人家工钱？当听说还没完全准备好，父亲发急了，说，人家辛辛苦苦帮你建房子，必须给人家及时结算工钱，绝对不能拖欠。那时候，还没有"拖欠农民工"这一说。父亲的一番话让宋善玺懂得了应该如何处世为人。以后两三次建房子，宋善玺都提前把工钱准备好，房子完工当天，当即结算。主办学校以后，学校的一些建设费用支出，很多时候都是宋善玺主动联系对方及时结算。有一家租赁花草的，宋校长打电话让他来学校结算，他感到惊讶，连连说："从来没有遇到您这样的领导，竟然主动联系俺来结算。有的单位俺去要好几次，还不给结算。"

做个善人，多行善事。做了校长，成人之美。这是宋善玺多少年来一直坚守的做人原则。

副校长马剑飞深有感触："教书十余载，也曾经历许多事，共处过很多领导及同事，很多事看在眼里，记在心头。这些年里，但凡听说有同事想考编制、招教，经历过的很多领导都极为排斥，继而领导和员工间的关系可能会因为极小的事升级矛盾，甚至发展成'冷战'，最后都闹得不欢而散。做普通老师时，感觉领导如此行为，缺乏大度，人往高处走，即便不能成为永远的朋友，又何必闹得不可开交？等后来自己做了中层，也真正感受到自己好不容易培养出来的人才，说走就走的那种纠结和失落，又瞬间理解当初经历过的领导的心境。

去年暑假，八年级升级考试结束后，年级组有很多年轻教师选择了招教考试，笔试结束，就已经知道有好几位老师成绩已过，而且，还出了三个面试全县前三的，这就意味着他们必然是要走的。心里顿时有许多不爽。私下找了宋校长，抱怨道：'以后您招老师，只招那些已经过了招教年龄的老师吧，咱们学校和年级组辛辛苦苦培养了两年的老师，说走就走，咱们的心血不是白白浪费？'"

慷慨激昂一番，顿觉自己语言或许过于激烈。宋校长面带微笑，说起自己当年的一些经历。也曾做过老师的他，因为当年工作调整，离开教师这个岗位，也曾目睹过为了限制老师考走，留住老师，有些领导各显其能，限制老师的流动。觉得那样做并不好。一个领导，首先要有胸怀，要大度。随后，宋校长拿出一张打印好的信函，是一份写给要离开博文中学老师的临别赠言。是这样写的：

您就要离开博文了，校长心情很复杂，有几句话要说，权当临别赠言。

一是感谢。校长深知，您在博文这一段时间，是您人生中很重要的一个阶段。您为了博文，为了博文的弟子，付出了很多很多。讲台上有您难忘的身影，学生的作业本上有您挥洒的汗水，寝室楼内有您辛勤的足迹……您的无私奉献，上苍知道，全体博文人知道！博文中学感谢您！

二是留恋。您就要离开博文了，包括校长在内的全体博文人，多想多想挽留您啊！大家忘不了您对博文的奉献，忘不了您与大家共事的日日夜夜。博文的弟子们也非常非常愿意继续接受您的教育……

三是祝贺。校长知道，您离开博文，内心肯定也很纠结。因为这里有您挥洒过的汗水，这里有您培育过的幼苗，这里有过您的梦想。要么为了家庭，要么为了事业，您走上了新的工作岗位。校长深深地理解您，校长真诚地祝贺您走上新的工作岗位！

四是期望。校长知道，博文人到哪里都是好样的！校长衷心地期望您在新的天地里大有作为，为中国的教育，为祖国的未来，大显身手！

您在博文，咱是一家人；您离开博文，咱仍然是亲人！海内存知己，天涯若比邻。博文是您永远的家！

看了这封赠言，马剑飞对宋校长的敬佩之情再次飞升。高度决定远度，何必拘泥于今日之得失，而忘却远方的芬芳？渐渐也明白、理解，为何他有如此之魅力，能让很多走出去的老师都一直心怀感恩，学校有事一个召集令，就能让走出去的老师们迅速来学校再尽绵薄之力。

将心比心，以心换心，宋校长的一颗真心暖热了老师们的心。一天，张胜晓老师给宋校长写了一封感谢信：

首先，非常感谢宋校长，给了我一个很好的工作平台，以及在职的这几年里对我的栽培和关怀，让我在任何时候内心都洋溢着感激之情，我从2015年来到博文中学，作为博文人，内心无比的骄傲，一路走来，收获了太多太多，都是博文中学给我的。

其次，由于个人原因，中间休息调整了两学期。任何一所民办学校也不可能让一个老师这样请假，并且还留职。

试问一下，还有哪所民办学校这样做过？

在这里我再次感谢宋校长对我的认可。同时也非常感谢在校帮助过我的家人们。

张胜晓的孩子刚生下来身体就不太好，春节之后准备上班，可是，奶奶带了一段时间之后，孩子身体还是很孱弱，为了孩子的健康，就又决定回家自己带孩子。面对这样特殊的情况，宋善玺校长作出决定：准予请假，保留职位。

很多因为各种原因离开博文中学的老师都会依依不舍，邵英赞就是其中一位："宋校长您好！我是邵英赞。感谢您的知遇之恩，感谢博文中学这个大家庭给我带来的温暖，感谢您三年以来的耐心栽培与鼓励。我因为个人原因，经过慎重考虑后提出离职申请。希望咱们学校以后发展越来越好，早日建成豫北一流名校！"了解了邵英赞要离开的真实情况，宋校长给邵英赞写了一封回信："信息收到。从内心讲，实在不愿意让你离开。三年来，你兢兢业业，无怨无悔，勤奋工作，为了这一届学生付出了无限的心血！你是年轻老师的楷模。不过，既然你进行了慎重考虑，还得尊重你的选择。博文永远是你的家!"

邵英赞虽然离开了博文，但是，就像她自己所说，今生今世，对博文的情感永远长存!

因为，一个有大爱情怀为明天培养人才的人，一个把幸福的种子撒在他人心田的人，一个为民族为国家着想的人，是值得所有人敬佩的!

第三节　和衷共济育英才

"将每一个学生当成亲生子女"，"将每一位家长当成兄弟姐妹"，这是博文中学当家人发自内心的话语，也是博文中学每一位老师在教育实践过程中自觉遵守并且用心践行的。

这，已经成为博文中学的一种教育文化。

让我们先来看一下博文中学七年级三班杨特同学妈妈的心里话——《一路人一条心》：

在孩子入中学之初，身为家长的我就期望新学校能和家长共同帮助孩子、教育孩子；也希望吾儿要尊敬师长、团结同学，克服缺点，学好知识并运用到生活实践中，做一名有用的人才。

还记得，很有幸被班主任马老师选为班级学生家长代表委员，去参加学校的第一次家长代表大会。会上宋校长温文尔雅地向我们介绍了学校的基本情况，然后又向我们介绍了学校的办学理念、办学宗旨及办学目标与愿景。

一学期下来，不断与老师们接触，又深切地感悟到：学校教师敬业精神强，工作认真负责。师生和谐，学习氛围浓厚，学生全面发展。

教师们教与学有针对性，能针对学生的优点和缺点进行合适的辅导和强化。孩子在校学习过程中，学习能力迅速提高，让我感觉十分欣慰。学校老师教学态度严谨，关心孩子，不断鼓励孩子的事，孩子也时常向我提起。大概是处于青春叛逆期，初中的孩子都有一股不服输的傲劲，心理变化大。而老师严加管教，循循诱导，尽自己最大的耐心教育孩子，引导孩子走向正确的道路。

还记得孩子的小学班主任胡老师看到孩子给她写的一封信时，幸福地流下眼泪的场景！原因是孩子已离开小学母校四个月了，高老师为了让孩子们进入中学后有感恩之心、不忘本，要求给小学老师写一封信，表达一下对老师的思念和祝福！一个看似平凡的要求，却打动了我的心、打动了孩子小学老师的心；假如没有这样的教育方式，我内向的孩子不会突破自我，不会畅快淋漓地表达自己内心的想法。所以我认为老师为孩子人生道路上增添了一笔爱的助力——永存感恩之心。还有老师为孩子亲手写下的书法字画——学无止境，不断激励孩子，鼓励孩子！孩子打内心感到骄傲自豪，无形中增强了孩子的自信。想到这一幕幕让人感动的事，幸福涌上心头。老师们热爱自己的工作，喜欢自己的学生，并不辞辛苦地为孩子付出。作为家长的我为能遇到如此负责的老师而感到幸运。

我们是一路人有一条心！在此我代表孩子，代表所有家长感谢学校，感谢所有的老师们！

为了做好老百姓满意的教育，打造老百姓家门口的好学校，博文中学在做好文化育人、课堂教学等工作的同时，努力开发家长资源，通过各种形式探索学校与家庭携手，构建家校共育的彩虹，赢得了所有家长的一致称赞。

博文中学行之有效的做法有如下几个方面：

第一，定期发放《家长教育》，引领家长改变育子理念。自建校开始，就精心编辑《家长教育》资料，持续不断每半月一期免费发给所有家长。《家长教育》的内容涉及家庭教育的重要性，家庭教育的有关理论、教育孩子的经验做法。到目前，已经累计发放了20万份，受益家庭达到5 000个。

九年级一班邵腾越的家长邵晓亮读了《家长教育》，深有感触，"教育改革，首先应该从改变家长入手，让家长们明白自己的责任，树立正确的人生观，真正懂得如何引导孩子成长成才。家庭教育，就是对'根'的教育，心灵的教育。只有'根壮'，'心灵好'，状态好，才能'枝粗叶肥'，这恰是'庄稼养根，育人养心'啊！"

第二，定期举办"家长学堂"。原则上每半个月到一个月一期，每次参会家长二百到三百人。由学校领导和家庭教育专家根据各年级学生特点对家长进行有针对性的教育。

2020年10月30日上午，秋高气爽，天高云淡，博文中学在第三会议室盛情举办第20期家长学堂。八年级一到四班二百余名家长参加了培训。宋校长以"如何帮助孩子顺利度过八年级"为题，开始了授课。他先是提出为什么说八年级是学生发展的特殊阶段的问题，它的表现形式是什么？

宋校长从三个方面做了阐释：

一、八年级是孩子生理的成熟期。这个阶段学生的第二性征出现，男孩长胡须，有腋毛，喉结突出等；女孩月经初潮等。孩子在这个阶段，身体发育较快，青春期特征明显，具备了传宗接代的功能。

二、是孩子心理的叛逆期。八年级学生在教育界又被称为"第二次断乳"——心理断乳，这一阶段的孩子独立性强，遇事喜欢自己拿主意，希望别人能把自己看成"大人"，得到应有的尊重和信任，是从幼稚走向成熟的过渡阶段。孩子在学习方面出现烦躁、厌学甚至逃学现象。对异性有好感，在情感方面可能会出现早恋，作为家长应该给予有效的心理指导，及时疏导心理困惑，采用正确的方式方法，帮助孩子建立"心里的围墙"，与老师、学校一起规范学生的行为，使之养成良好的习惯。

三、是学习的爬坡期。与七年级相比课程量增加，增加了物理和计算机两门课程；难度也增大。八年级学生在2021年6月27日还面临着生物、地理和计算机三门课的中招考试。对他们来说，时间紧迫，极易产生两极分化。有目标，有规划，懂得坚持的学生往往能取得好成绩，相反，有的学生越学越不愿意学，出现两极分化，这个时期的行之有效帮助，对于心理断乳期的孩子尤其重要。

如何帮助孩子顺利度过八年级呢？宋校长提到了"三多"：多陪伴、多沟通、多鼓励。

"多陪伴"，要求家长不缺席、不缺位。因为工作繁忙即使不能做到面对面的陪伴，也要进行心灵的陪伴，让孩子体会到自己在关注、关心着他，在孩子最需要陪伴的时候留在孩子身边，这将对他的学习和成长有很大的帮助。千万不能为

第一章 中原大地好学校

了挣钱，而让孩子失去前途！

"多沟通"，希望家长跟孩子心心相印，心灵相通。知道孩子在想什么，做某件事的动机是什么。多与孩子主动沟通，了解孩子的思想动向、心理发展。多与老师沟通，向老师说明孩子的性格、习惯、优缺点，形成教育合力。

"多鼓励"，要善于发现孩子的优缺点，要全面、客观地去看孩子，即使是班级里的最后一名，也要让孩子得到应有的自尊、尊重与喜悦。家长务必看到孩子的成长和进步，多赞赏，多鼓励。切忌拿自己家的孩子跟别人家孩子进行比较。

通过参加家长学堂的培训，家长们的教育理念在更新，教育方式在变化，育子效果更理想。

博文中学每年都要举行"争十佳、创百优"表彰大会，我们来听一下"十佳少年"王亚光同学的妈妈的发言：

我是八年级三班王亚光的妈妈，当初我和孩子之所以义无反顾地选择了博文中学，我们看重的是学校的办学宗旨，看重的是学校的务实精神，更看重的是具有开拓精神的校长以及在他领导下的一支业务过硬且具有高尚职业道德的教师队伍。尽管建校时间不长，但是学校的管理规范，更重要的一点是能够从育人的根本目标出发，让孩子全面发展。事实证明：我们的选择是对的。一年多来，我的孩子成熟多了，他的行为朴实，勤奋刻苦，成绩优异，得到了周围人的肯定，在这里他既学会了读书，又学会了做人，并且养成了良好的学习和生活习惯。

学校对孩子的教育、关心是全方位的，那么我们做家长的应该做些什么呢？我认为应做好以下四个方面的工作：

一、营造良好的家庭氛围，培养孩子良好的学习、生活习惯

和谐的家庭是孩子成才的基础。我们要尽力为孩子营造一个积极向上的氛围，从小学至今，在孩子学习时，我从不上网、不看电视，为了让孩子喜欢上阅读，养成良好的阅读习惯，我和他比赛读书，孩子生日、春节等得到的礼物是书籍，取得好成绩的奖励也是书籍；平常逛街也是孩子留在书店，家里最富有的也是图书。书陶冶了他的情操，拓宽了他的视野。常说"父母是孩子的第一任老师"，"身教胜于言教"。我们要以身作则，比如尊敬长辈，关心他人，宽待他人，说话算话，言行一致，关心集体，积极参加集体劳动，生活中按时作息，自己的事自己做，不挑食，不乱花钱等，要求孩子做到的父母必须做到。

二、要多方位培养孩子的兴趣

有位专家说过："天才就是兴趣。"兴趣对孩子的成长有着非常重要的作用。我这里主要讲特殊兴趣，也就是我们常说的素质教育。

孩子的兴趣是需要家长来发现、引导和培养的。我们要为发展孩子的兴趣搭建一个平台。兴趣的培养远远大于学习本身，就拿我的孩子来说，从小学到现在，我曾给他报过几种兴趣班。有的是有针对性的，如跆拳道，这主要是因为他从小不太爱运动，我想通过这些来提高他的身体素质。有的是我认为男孩子必须要学的东西，如下象棋、打乒乓球，从他上小学二年级到毕业，每天下午放学后我都会带着他去乒乓球俱乐部打球，直到现在，每逢周末，他都会去球馆打球。有的是我认为利于孩子修身养性的，如练字，也是从小学二

年级起，每周六都要去练字，一直坚持到小学毕业，现在每逢闲暇之时，他就会拿起毛笔练上几张。有的是锻炼记忆里的，如玩魔方，我非常支持他，我家有不同形状的魔方十多个，我帮他下载魔方公式，并打印出来。今年寒假，他竟然把110多个速拧公式全背下来并能在17秒拼好三层的魔方。也正是因为他有这些爱好，所以如果不是查资料，他从不打开电脑。有的家长可能会抱怨自己的孩子迷恋电脑，那是因为孩子没有自己感兴趣的事可做。兴趣是学习的原动力，只要有兴趣就一定会有收获。通过培养和发展孩子的兴趣，不但可以使他在某些领域有专长，增强自信，而且，说不定还可以为孩子以后的成功之路多打开一扇门。

三、努力做到"三多一少一不"

就是把孩子当作朋友，多理解，多表扬，多鼓励，少批评，不指责。

每个家长都十分疼爱自己的孩子，希望孩子将来有出息，但是爱要恰到好处，如果孩子要什么就给什么，特别是满足他们的一些无理过分的要求则变成了溺爱，则有百害而无一利。

做家长的要关心孩子，不仅仅关心孩子每次考试的成绩，更要关心孩子学习的过程，了解他们在学校的学习情况和在校的表现，回家后有的放矢地进行教育。不仅仅关心孩子的学习，更要关心孩子的思想状况，多与孩子沟通，了解孩子的喜怒哀乐，让孩子说心里话，说真话，哪怕做错了，只要说真话都应该给予肯定，并告诉孩子只要改正了，爸爸妈妈一样爱他。对于孩子身上存在的坏脾气，坏习惯，不能用简单的打、骂方式，而应该耐心地讲道理。作为孩子，每个人都希望自己是最棒的，然而不可能每次都是第一。我常对儿子讲："我们不求无怨无悔，但求无愧于心。"脚踏实地做好每一件小事。孩子考砸的时候，帮他分析原因，找差距，在以后的考试作业中不犯类似错误，我们的目的就达到了。只要能跟孩子好好沟通，互相了解，换位思考，多给孩子关爱，那么这种努力一定有收益。

四、积极配合老师和学校

老师是孩子的知识传授者，道路指引者，作为家长一定要积极配合老师，配合学校做好工作。如：班里建"图书角"时我就鼓励孩子把家里的书多带一些，和朋友们分享。即使家长认为老师或学校的某些做法欠妥，也不要直接当着孩子的面谈论，而应该积极引导，从老师的出发点，善意地引导孩子，否则孩子会不信任老师，不喜欢老师，不喜欢老师教的这门课，最终影响的仍然是孩子。如果觉得有什么地方不妥可以直接与老师沟通，老师不是圣人，和我们家长一样无法做到完美无缺，而且老师都希望每一个学生能够成功，相信他们也欢迎这种方式。试想，在家里只有一个孩子，我们经常都感到很累人，很难教育，学校有上千个孩子，一个班也有几十个孩子，其责任之大，难度之大应该是可以想象的。我们家长只有与学校积极配合，才能与学校形成帮助孩子成长的最大合力，才能让孩子得到最大程度的发展。

各位家长，教育是一份责任，教育是一门艺术，孩子的成长离不开学校这片沃土，离不开园丁的辛勤培育，更离不开家庭的关怀，只有家校联合，齐心协力，孩子才能得到全面健康的发展。

八年级（2）班葛晨焱的妈妈深感学校举办的家长学堂让自己受益匪浅，教育理念更新的同时，育子方法也在不断改进，她深有感触地写下了《好习惯受益终生》表达了自己的收获：

少成若天性，习惯成自然。一个好习惯可以成就一个人，一个坏习惯也可以毁掉一个人。所以说，培养好习惯是多么重要！为人父母者，总想着把最好的都给孩子，然而什么才是最好的呢？物质？金钱？不，都不是！父母给孩子最好的东西就是"陪伴孩子一生的好习惯"。

常言道"儿行千里母担忧"，"孩子是娘的心头肉"。我曾经以为，这些话只是说说而已，而真正有所体会是在女儿刚步入博文中学的时候。那时我总是怕孩子在学校吃不饱饭，收拾不好床被，后来发现这些担忧都是多余的。在学校里孩子按时作息、饮食规律，养成了良好的习惯。博文中学不仅仅教给了孩子文化的知识，更是教会了她如何做人，让她学会了尊师重长、团结同学、知恩图报等等，这些都为她在人生的路上创造了一笔不可磨灭的财富。

疫情这段时间，我陪着女儿一起上网课，我发现女儿作息非常规律。她每天按时打卡上课、定时测量体温、准时完成作业……在生活上，她经常做自己力所能及的家务，还总是提醒我们勤洗手、勤通风。看到这些，我的嘴角不自觉地扬起了甜甜的笑容。

感谢博文中学的园丁们让我体会到了幸福，这种像早晨的第一滴露水那样甘甜、那样晶莹的幸福！

第三，建立"家长委员会"。每个班级推选家长代表，从家长代表中推选家长委员会。家长和老师共同目的都是为了孩子的健康成长，教师是学校教育的主体，家长也有参与的权利，通过家长委员会这个平台，让家长直接参与班级教学和管理工作，提升家庭教育的水平，使家长和老师成为教育的好伙伴，而不是又爱又恨的冤家，消除教育的盲区。家长委员会确立了会长、副会长、组织委员、宣传委员等，分工明确，相互配合，制订班级工作计划、活动计划等，家委会与学校携手播下希望的种子。家长的积极参与使班级工作锦上添花，如虎添翼，各项工作顺利推进，让学校教育充满了活力与灵气。

2021年1月9日、10日上午，分别在学校第一、第二会议室召开家长代表大会。会议的主要议程有：马剑飞校长进行工作汇报、宋善玺校长就学校的教育理念等内容进行分享、家长代表借阅图书、各班班主任组织家长代表召开班级会议。

宋善玺校长解读博文中学的办学理念：为国家办学，为人民办学这一宗旨什么时候都不能变！教学要注重学生的成绩，但决不能把成绩作为评判学生的唯一标准。"高分低品""高分低能""高分体弱""高分恶劳"等是教育之大忌！

家庭和学校务必达成共识，真正把培养健全的"人"放在突出的位置，将学生培养成德智体美劳全面发展的社会主义建设者和接班人。为此，宋校长向各位与会代表建议：面对身体、心理、生理等处于第二次断奶期的孩子，为减少、避免孩子表面的叛逆行为，对待孩子要做到多陪伴、多鼓励、多沟通，真正在心理上多陪伴孩子，及时跟老师沟通，避免教育盲区。这样，才能引导孩子健康、全面发展。

之后，学校向家长提供图书借阅。为家长办理图书借阅证，引领家长与孩子共同成长。

最后，家长分别参加孩子所在班级的家长会议，与班主任和任课老师互通情况，老师和家长对学生的情况进一步全面地了解，共同研究具有针对性的育人办法。家长学堂实现了家校深度融合，共同营造一个好的育人环境，学校和家庭一起守望成长，静待花开。

第四，对不在博文中学工作的教师子女和家长特殊优待，一是给学生发放助学金（每学期500元），二是给家长办理图书借阅证。

2021年元旦来临之际，博文中学发放万元助学金，以资助家境贫寒，学习刻苦努力的孩子。室外，天寒地冻；室内，温暖如春。在第二会议室，博文中学万元助学金发放仪式正在进行。

德育处李志博老师主持发放仪式。他首先宣读了受资助的学生名单，然后把资金发放的方式加以说明：本次助学资金每人100元，输入个人购餐卡，用于对生活的补贴。

接着，常振华副校长针对本次助学金的发放讲话，他指出：给大家资助100元，是学校的心意，是对家庭困难而学习刻苦努力学生的一种资助，100元好花难挣。今冬，由于受好多条件的限制，许多家长都待在家里，挣不到钱。希望大家不比吃喝比学习，珍惜当下，懂得感恩。

然后，餐厅司务长宋老师表态发言，他说：在以后的日子里一定要做好餐厅各项工作，服务好同学们，保证食品花样多、质量好、卫生又安全、便宜还实惠，让大家不仅吃得饱更吃得好！

最后，九年级一班王硕硕同学代表所有受到资助的学生发言。他代表大家，对学校的资助表示衷心的感激，对所有为了学生的学习与生活而辛勤付出的教职员工表示感谢。他说："天气是寒冷的，但是，我们却感受到学校和班级的温暖，以后要懂得感恩，铭记老师教诲，努力把学习搞好，不辜负学校和老师的期待。"

爱心传递希望，资助鼓舞力量。博文学子，知恩图报；博文中学，为国育才，越办越强！

博文中学七年级七班田菁菁同学的家长写了《博文幸福二三事》：

我要感谢博文中学让我的孩子变得开朗独立，养成了一些良好的生活习惯。

我先从学校的饮食说起吧：孩子说博文中学的饮食比之前所在的学校的饮食要好，每餐都是饭菜齐全，餐厅的秩序也很好，有了值班老师和学生志愿者的管理，餐厅里没有人大声喧哗，有的只是碗与勺的相互碰撞。他们还可以端着碗拿着筷子到外面吃，那样就可以边吃边说话了。有的几个好朋友在一起，你尝尝我的，我吃一口你的。满校园都是欢乐的笑声。

然后是睡眠方面：中午和晚上寝室楼里只要响了就寝铃，在外面的同学就会马上回到各自的寝室。睡觉前，几个人坐在各自的床铺上，聊聊自己在家和家人的一些趣事，有的是几个好朋友在交换零食，你尝尝我的，我吃一口你的，多么温馨的一幕啊！

军训结束后，孩子回到家，兴致勃勃地说着她们班在军训演示比赛中获得了第一名，班级获得的荣誉，就是整个班级里的每一个人努力得来的。努力不会没有收获。

听，这是什么声音？原来是学生们在教室内读课文，朗朗读书声飘荡在整个校园里。孩子能融入这样一个令她开心令她幸福的大家庭我感到很欣慰。

现在由于疫情需要，只能在家上网课。但是这并不影响孩子们学习，因为有老师们给孩子们上网课，有这样的机会做家长的更要时刻陪伴在孩子身边，尽好做家长的义务。

我希望博文中学"愿荣耀与你相伴"。

2014年12月，"十大学习标兵"颁奖大会如期举行，谷思晗同学（于2016年6月毕业，之后就读于西安交通大学）的妈妈作为家长代表，满怀深情地做了演讲。

尊敬的领导、老师，亲爱的同学们：

我首先感谢学校、老师给我这样一个与大家一起交流的机会。看着孩子进入博文中学这一年多来一天天的变化和学习成绩一点一点地提高，作为家长，我看在眼里，喜在心上。

我知道，孩子取得的每一点进步都离不开各位老师的谆谆教诲和同学们的无私帮助。所以我要衷心地向大家道一声：谢谢！下面，我主要想谈谈我在教育孩子方面的几点做法。

记得李嘉诚曾经说过这样一句话："一个人事业上再大的成功也弥补不了教育子女失败的缺憾。"所以，在做好自己的本职工作之外，我也特别重视对自己孩子的培养，主要表现在以下四个方面：

第一，教育好孩子，首先要充实自己。

从孩子上幼儿园起，我就经常读一些关于家庭教育方面的著作，如《卡尔威特的教育》《哈佛女孩刘亦婷》《父母的反省》《好妈妈胜过好老师》等等。在闲暇时间，我也经常上网浏览校信通上的博客和QQ空间里与教育有关的日志。从这些著作和作品中，我受到了很大的触动和启发，也学到了很多教育孩子的好方法。

第二，以身作则，培养孩子良好的学习习惯和生活习惯。

我们知道行为决定习惯，习惯决定命运。养成了良好的学习习惯，取得优异的成绩则是水到渠成的。所以，从孩子上小学起，我就特别注重这一点。在孩子做作业时，我也陪在一边看书，营造良好的学习氛围，告诉孩子学习时要专心，身体坐端正，不做小动作。我也特别注意培养孩子节约的好习惯，节约水，节约电，节约零花钱等等。

第三，建立和谐、民主、平等的亲子关系。

凡是与孩子本身有关的事，如吃什么饭，穿什么衣服，买什么书等，我都充分尊重孩子的意见，这样不仅有利于改善亲子关系，还可以培养孩子成为一个有主见的人。平时在孩子做完作业后，陪着孩子看会儿动画片。如《大耳朵图图》，每集结束时都会教给孩子一个道理。父母陪着孩子一起看，一起学习这些道理，同时也增加了父母和孩子之间的共同语言，使孩子感受到父母对自己的爱和关心。

第四，注重孩子的全面发展。

除了搞好学习外，我还发展孩子其他的业余爱好，学吹葫芦丝，吹笛子，弹古筝，也学过珠心算，画画等，丰富孩子的业余生活。做家长容易，但是学会做家长，做好家长却很难。所以，对孩子的教育需要家长和学校老师的密切配合。

一期期的家长教育可见学校的良苦用心；一天天的不计报酬地早出晚归可见老师的激情和奉献。我想说：把孩子交给博文我们放心！

第四节　家长庆幸选博文

2020年初，一场突如其来的、波及全球的新冠肺炎疫情给人们的生产、学习、生活带来了极大的影响。居家学习、在线上课成为大多数孩子的学习常态，这不仅仅是对老师和学生的挑战，更是对家长的挑战。

网课环境下，尤其凸显家庭教育状态。作为家长应该如何做才能促进孩子的学习？如何做才能充分发挥家长在网课中的督导作用？

3月27日晚上，博文中学特别邀请心理咨询专家和家庭教育专家王寅斌老师，运用钉钉直播的形式，为八年级1～3班的家长开办了网上"家长学堂"，为家长们答疑解惑。

这是博文中学第三期家长"云课堂"。

在本次"家长课堂"中，王寅斌老师针对大家普遍关注的问题为广大家长进行了耐心的指导，切实解决了家长们在家庭教育中遇到的诸多困难。

问题一：大多数家长来自农村，没有时间管孩子，一部分家长已经外出务工；

问题二：很多家长不会管理；

问题三：家长督导孩子学习时容易发生争执，部分家长反映，一谈学习就像仇人一样；

问题四：学生在用手机或电脑学习时，对电子产品有依赖性，甚至在听直播课时分屏玩游戏聊天；

问题五：大部分孩子一谈学习都说想好好学，但学习中执行起来孩子自律不了；

问题六：孩子不听家长的话；

问题七：孩子学习静不下心来，情绪浮躁，作业考试马虎不检查，孩子学习生活不规律，自理性差。

王老师的讲座深入浅出，通俗易懂，贴近实际，操作性强，受到了家长们的热烈欢迎，他们纷纷点赞，表达对王老师的感谢。

八年级三班库惠茹同学的妈妈作为家长代表发言，感谢王老师的精彩分享和倾心指导。八年级一班的杨苏格同学分享了自己的听讲心得和居家学习的具体做法，直播间的家长和学生们都跷起了大拇指。

主持人李志蕊老师在总结发言中说："在汹涌的疫情面前，任何人都无法置身事外，需要全国人民共同努力。居家不动，为家庭培养优秀的下一代，为祖国提供未来的人才，是我们对国家战胜疫情的最大支持。希望家长朋友们在王老师的指导下，与学校通力合作，对孩子进行正确的引导与监管，待疫情结束后，我们一定能看到孩子令人惊喜的成长！"

学校在狠抓教学质量的同时，注重对学生的全面教育。每年都要评选"十大孝星""十大学习标兵""十大节俭标兵""十大卫生标兵""十大体育标兵""十大文明寝室长""十大优秀班长""十大优秀团支书"等模范标兵。为了强化学生的感恩意识，学校还采取了诸多措施：一是专门聘请专家进行"感恩励志"教育；二是让学生每年元旦、春节给家长写信（编发短信）慰问，或当面拜访；三是让受表彰的学生给家长送喜报；四是利用父亲节、母亲节让学生以实际行动报答养育之恩。众多家长一致称赞博文的孩子懂事儿、明事理，庆幸把孩子送到博文中学。

八年级（7）班李嘉尚妈妈写来《幸福的路上》，表达感激之情：

幸福，对孩子而言，是依偎在妈妈温暖怀抱里的温馨，是有父母陪伴的时光。而对我们而言，幸福就是孩子的健康成长、积极向上，家人的平平安安。

由于疫情的暴发，各校推迟开学，学生在家进行网上授课，我也就成了全职妈妈，每天在家陪着孩子上课，为孩子做饭、洗衣……能够无时无刻陪在孩子身边我也感到无比幸福。

刚开始上网课时，我怕孩子早读起不来，就去喊她起床。过了几天我发现，有时我不喊她起床，她也会每天自觉早早地起床，开始读书，为此我感到很欣慰。钉钉直播时，她自己会提前准备好学习用品，等待老师直播上课。老师布置的任务，她也会按时、高效地完成。每天早晨她都会在一个专门的本子上写下今天的学习计划，并把老师布置的任务写上去，每完成一项就会打一个对勾。她也没有给我要过任何的奖励，因为她知道，学习不是为了要奖励，不是为了任何人而学习的。

孩子刚开始步入初中时，成绩不是很好，但经过老师的指导，克服了学习上的困难，成绩发生了翻天覆地的变化。当然，这一切都离不开博文中学老师们对孩子和我们家长的付出。身为母亲，我很激动，很欣慰，很幸福……

每次开"家长教育"会议，我都是怀着激动而又兴奋的心情来到学校，因为我可以再一次学习如何教育孩子，为此我感到很幸福，也为自己作为父母的一次成长感到开心。

幸福总是在不经意间降临，你需要静静地以一颗平常的心去感受。幸福现在就在我身边，孩子很优秀，很健康，很快乐地成长，这对于我来说，胜过所有的事情；这是属于我的幸福，这是属于我的最大的幸福！

2020年5月3日，八年级八班朱若冰同学的妈妈也写了一篇《不幸与万幸》：

2020年的开头很难，新冠肺炎疫情肆虐了祖国的大江南北，它如同一堵无限延伸的城墙硬生生地阻隔了孩子返校的脚步。于是有了停课不停学的网上授课，电脑的那一端是老师们日复一日地敲下无数次的键盘，另一端是孩子们在认真地听课，不知不觉中三个月的时间悄然流过。

在此我为我家孩子是一名博文生而感到骄傲、欣慰和自豪。

孩子在家的作息时间和学校里的是一样的。刚开始的时候孩子并不能很好地适应这些网上上课，通过班主任和各科老师们不断的督促和鼓励，我家孩子已经能自觉地完成作业。同时在我上班时也可以帮助他妹妹完成作业。

我家孩子就读博文中学近两年了。每逢孩子过礼拜天，学校会让孩子带家长教育材料回家，让家长也可以很好地学习怎样做一个合格的家长。孩子更是懂得了感恩、礼让、勤奋。

作为家长，我十分感谢学校里老师们的辛勤付出。在疫情面前，学校对学生们的关心是那么的暖心。我相信孩子在学校通过老师的教育会越来越好！

大爱无声，师德无痕。感谢学校，感恩老师！

八年级三班张恒玮的家长发自内心地说：我庆幸孩子是博文人！

鲜花感恩雨露，因为雨露滋润它成长；苍鹰感恩长空，因为长空让它飞翔；我在此要感恩敬爱的老师，因为他们甘为人梯，用肩膀托着我那稚嫩的孩子，使她一步步登上知识的殿堂！

2020年大年初二，随着新冠肺炎疫情的暴发，全国上下封城封村，在此期间终于可以有时间好好陪陪孩子，在与孩子共同学习、共同生活的日子里，我感到无比高兴和自豪！首先，我发现孩子有了很大改变，从一个不懂事的顽童成了一个爱学习、懂礼貌、积极向上的好学生。思维敏捷、注意力集中、想象力丰富，同时在其他各方面都有了明显进步！作为家长的我，非常满意学校的各项素质教育，非常感谢老师的辛勤付出！

疫情期间，各科老师都准时在网上讲课，孩子也准时听课，按时完成各科老师布置的作业，老师的敬业精神让我很感动，孩子的自控能力让我很佩服；孩子的表现我看在眼里，一举一动都是在学校里养成的好习惯，离不开老师的谆谆教诲！

让我特别感动的是老师们的家访，那时村里虽然已解封，可是我们村曾是疫区，但四位老师仍然毫不畏惧，在烈日炎炎的中午，来到了我家，询问孩子的身体状况和学习情况。并且告诉我们：人最大的成功就是把子女培养成才，而陪伴是最好的教育，很多的家长因为想要赚更多的钱，把孩子交给爷爷奶奶教育，俗话说隔辈亲，爷爷奶奶喜欢溺爱孙子孙女，容易疏忽关于孩子的教育，到最后钱有了，可孩子的教育却毁了，所以不要让您的孩子成为留守儿童。

我很庆幸我把孩子送到了博文，博文是博士的摇篮，文明的基地。在那里培养了一代又一代栋梁人才，那里的老师教导有方，诲人不倦，为人师表，那里的学生品学兼优，朝气蓬勃，乐于助人，那里环境优美，有着良好的学习氛围，整个校园无处不充满欢乐和感恩，我庆幸我孩子是博文人！

八年级七班潘威迪家长写来感谢信，说：

作为一个家长来说，最大的幸福是什么？是自己的孩子开心健康快乐。而在这些条件的基础上，自己的孩子成绩也很优秀，无疑是更幸福的。

今年年初，寒假放假那天，孩子很开心，她跟我说："妈妈，原来付出真的就会有收获，突然觉得被学习占用的娱乐时间也值了，没有时间玩又怎样，每天起得早又怎样，至少我成绩优秀了啊。"是的，上学期期末她的排名进步了很多，我作为家长也很开心、很幸福。

寒假期间，一场突如其来的新冠肺炎疫情使开学变得遥遥无期。再者说：头可断，血可流，学习不能丢。于是长达几个月的网上授课就开始了。

网课刚开始，孩子好像并不能完全调整作息时间，每次都得一而再再而三地叫起床。幸好有老师的监督与引导，帮助家长进行管理，后来孩子就开始自己约束自己：一个闹钟叫不醒那就多定几个，久而久之便形成了早睡早起的作息习惯。可是渐渐地我发现，可能是因为上网课没有人看管的原因，孩子并不能全心全意集中注意力去听讲。于是作为一个全职妈妈，我便担任起了陪读的角色，她的注意力也开始集中，也不需要我每分每秒都陪着她了。看到她有这么大的转变，我很快乐，也很幸福，因为她有了好好学习的自觉，并不需要过多地操心。

后来我发现，她的进步不只是这些，她会在每节课开始之前早早地拿出书，会在讲完新课后有时间把练习题做一做，会在有事耽误课的时候在课下把没写的作业给补上，她开始一点点地自律。不需要我天天催着写作业，有时候也会早早写完作业帮我照看弟弟妹妹，看到她进步这么大，我内心就有一种"吾家小女初长成"的欣慰感和幸福感。

每个孩子都很优秀，每个孩子都有他们骨子里透出的灵气。所以每个孩子都值得家长们用心去培养，因为当他们变得优秀时，某一瞬间，你便会与幸福邂逅。而这一切都与老师们的努力分不开。

八年级三班王小彤家长也由衷地说：感恩博文！

因为疫情孩子要在家学习，但这也给了我一个机会让我能够进一步了解孩子的学习情况，同时增进一下我与孩子的关系。

孩子从小学习就很好。因为孩子是八年级，即将面临的是升学考试，所以她也知道在家学习的重要性。即使不用我监督，孩子也能主动学习，积极完成课下作业，有时还会提前预习新课。闲暇时间，她就帮着我做些家务活，有时还会辅导她弟弟写作业，给我省了不少事。

她刚入初中时学习有点落后，可能是不适应新的环境。在老师的悉心教导和鼓励下，她的成绩慢慢跟了上来。到了八年级，她的成绩稳定下来，基本上是位于前几名。这对于身为家长的我来说，她的努力和付出是全看在眼里的，我也为此而高兴。

如果说小学阶段是人的启蒙时期，那么初中就是人的选择时期。初中阶段是人生的重要转折点，其重要性就好比是一个岔路口，迈出选择的那一步将对以后的人生产生重要的影响。我很庆幸为孩子选择了博文。博文的老师知识渊博，一视同仁，对学生很细心，这里的学习环境也很好。在这样的条件下，孩子学习能不好吗？就像博文中学一直以来的宗旨那样："博士的摇篮，文明的基地。"

每一个家长都希望自己的孩子能够学好知识，不断地成长，拥有美好的未来。希望孩子能够在博文的教育下，拥有美好幸福的人生！感谢博文！

家长的赞誉，是对学校的肯定和鼓励，是学校发展的动力，我们有理由相信博文人会兑现对家长的承诺：将每一个家长当作兄弟姐妹！

第二章　精致管理创佳绩

第一节　上乘管理是人文

2017年2月28日上午10点，博文中学"尚礼"院内，一位来自南乐县职业中专学校的老师，在运自然老师的引领下，握着李艳霞老师的手，一再说"谢谢！""谢谢！"

事情的原委是这样的：当天早晨李老师上班时，在泰和新城大门口附近，看到一个小挎包。先用脚踢了踢，以为是谁丢弃的，后来想，是不是谁掉的呢，她身怀六甲，费力地弯下腰捡起来，打开一看，有手机、钱包等物，钱包中有几百元人民币、身份证和银行卡等。

李老师急失主之所急，想失主之所想。打开手机，一看上面有很多职业中专的信息，她就怀疑失主可能是职专的工作人员，她知道运自然老师的爱人在职专上班，到了学校，就将相关情况告诉了运老师，让运老师的爱人帮助寻找失主。

丢失挎包的职专老师，见到李艳霞老师万分感激。当问她怎么将挎包掉了的时候，她也不知道挎在肩头怎么就掉了，还怀疑是让小偷割断挎带，在不经意间偷走了呢。

职专的老师在感谢之余，非要买些东西表达谢意，李老师坚决不肯。

临走前，还一再夸奖"博文的老师真好"。

2月24、25日两天，博文中学邀请江西金太阳教育集团的高级讲师潘俊杰讲学，当时一些公办初中和民办小学的老师闻讯过来参加培训，三间会议室挤得水泄不通，博文中学的几个领导把座位让给了其他学校的老师，坐在会议室门口听。

岳秀娟老师被挤在一个墙边，没有板凳，就站着听。培训结束时，岳老师看到地面有几片垃圾，于是就随手捡了起来。一位来自其他学校的老师见此情景很是感动，很是敬佩。非要给岳老师拍个照片。

当大家都离开后，这位老师找到博文中学校长，让校长看看手机照片，再三说"博文的老师真优秀"，建议校长一定要表扬照片上这位老师。校长开心一笑，说在博文中学这样的老师有很多。

张胜晓老师，是一位年轻老师，是八年级三班的班主任。任教时间短，虽然班级管理经验还不是很丰富，但她有的是热情。陪学生上早操，陪学生晨读，地面脏了，她带头打扫教室卫生，夜晚学生就寝，她一一查看，与同学的感情水乳交融，孩子们亲切地喊她"大姐""老大"。

她教育孩子将所有垃圾放进垃圾桶内，班级率先实现"零垃圾"教室，教室地面半月不用打扫一次。她很谦虚，说"三班不是优秀班级，但三班在不断进步"，好一个"不断进步"！每天进步一点点，学生每天都在茁壮成长，是一种不带桂冠的优秀！

德育处张永钦老师，分管学生志愿者队伍。志愿者执勤服装坏了，她一针一针缝纫，脏了，她一件一件搓洗、晾晒。她发现孩子们的衣服开缝了，就主动把孩子叫过来，帮他们缝补。当老师们夸奖她时，她微微一笑，说："这是我应该做的！孩子不在大人身边，咱就是他们的父母。"

在博文中学，像李艳霞、岳秀娟、张胜晓、张永钦这样的老师还有很多很多。他们都在认真地实践着博文的宗旨，"将每一位学生视为亲生子女，将每一位家长当作兄弟姐妹，将每一节课讲成艺术精品"。

博文处处放光彩。

这得益于博文的治校之道——人文管理。

博文中学校长宋善玺以无私的情怀、宽广的胸怀、亲切的关怀情洒钟爱的校园，用心、用爱、用情抒写了一曲曲美丽之歌。自打上任的第一天，他就全身心倾注到打造特色学校上面，以人为本，实施人文管理，创造"规范+情感"的人文管理模式，用情怀、胸怀、关怀来打动人心。

在学校管理中，学校首先树立了"以人为本"的管理理念，把教师的发展作为管理的出发点和终极目标，重视人的参与意识和创造意识，使人的潜能得以充分发挥，个性得以充分张扬，生命价值得以充分体现。

突出主体意识，实施人文关怀。教师具有较高的文化层次、独立的思想观点和方法，主体意识突出，尊重、理解、信任的需要更强烈，博文中学注重突出主体意识，实施人文关怀。对个人、家庭遇到困难的教师，学校都主动给予力所能及的帮助、照顾；对有喜白公事的，无论多忙学校领导都会出面祝贺或慰问。在资金十分紧张的情况下，学校每年都组织教师到县医院查体。通过这些活动的开展，让教职工充分感受到主人翁地位和学校的关怀。

优化人际关系，促进心心交融。优化管理人员与教职工之间的关系，优化教职工与教职工之间的关系，优化教师与学生之间的关系，优化教师与家长之间的关系，增进了教师、学生、家长之间的相互了解。

淡化强权作用，践行德服为上。"其身正，不令而行；其身不正，虽令不从。""德服为上，才服为次，力服为下。"这是学校领导和管理人员所遵循的基本原则。

几年来，博文中学时时处处都讲究一个"实"字，即讲话说理实实在在，待人接物真情实感，工作办事踏踏实实，对人对己老老实实。校长不是单靠权力去管理，而是有亲和力，和师生做朋友。校长办公室的门，不管夏天多么炎热，冬天只要不是很冷，都是敞开着的，就是为了随时欢迎、方便师生来和校长交流。只要老师去办公室找他，校长都会起身请他们坐下，给他们沏一杯热茶。不要小看一起、一请、一沏，有时候还真能解决大问题。校长这么做了，很多老师都和校长成了很好的朋友，建立了兄弟姊妹般的情谊。有什么想法，甚至困惑和苦恼都愿意和他交流。形式也不拘一格，有时用电话，有时用微信，有时用邮件，有时用QQ，当面交流固然很好，但是这样的形式有时更方便沟通。

宋善玺校长撰写的《博文教师的情怀》，阐发了他的人文管理理念，对博文的老师提出了殷切的希望：

作为博文中学的老师必须明确"博文"的含义。博，广博，博大，博览；文，文化，文明，文雅。博文，她是"博士的摇篮，文明的基地"，她是"博大精深，文质彬彬"的长者，她是"博闻卓识，文化育人"的时代精英，她是"博学善思，文明文雅"的未来栋梁。

作为"博文"的老师，必须有"博文"的情怀。"情"，即人情，感情。接触生情，不接触，很难有感情。我们老师在校园这个空间，直接接触的无外乎同事、学生、家长三类人。

"战友情"。对于同事而言，同在一处办公，同育一批学生，同在一处就餐。在共事期间，比家庭中任何成员接触时间都长，共同语言更多。相互之间，是同志，是同事，更是战友！"百年修得同船渡"，这种情，这种缘，非常值得珍惜。共事期间，要相互理解，相互提醒，相互支持，相互帮助，相互鼓励，相互尊重，相互提携……如果不是这样，相互提防，相互攻击，相互拆台，相互诋毁，相互使绊，就不配做博文的老师！

"师生情"。对于学生而言，我们做老师的，是长者，是长辈。不管年龄大小，要想赢得学生的信赖和尊重，首先要做学生的知心朋友。要了解他们的家庭，了解他们的生活，了解他们的心情，了解他们的心思，了解他们的苦与乐。能在第一时间给他们分享快乐与痛苦，学生就乐于给你说掏心窝子的话。从传统意义上讲，"一日为师，终身为父"，老师就是学生的父母。师生之间就是父子（女）情，母子（女）情。情有多深，自不必说。从现代意义上讲，师生之间，不少师生成了"哥们儿""姐们儿"，全国著名班主任、《做一个不再瞎忙的班主任》的作者梅洪建与学生之间的关系就是"哥们儿"。师生关系融洽，无话不谈，班级管理轻松自如。无论从传统意义上讲，还是从现代意义上讲，师生之间都是"一家人"。事实上，孩子们在校三年，师生之间的接触、沟通远比家庭成员多！

"兄弟姊妹情"。老师之于家长，是朋友，是亲戚，是亲人。"将每一位学生家长视为兄弟姐妹"，是我们的信念，是我们的誓言。家长将孩子送到博文，是对我们的信任和信赖，是对我们的理解和支持。家长就是我们的"上帝"！没有他们的支持，博文就没有立足之地！我们就没有博文这个平台。没有这个平台，即使我们满腹经纶，在这个讲台上，也没有人呼唤我们"老师"，我们就无法施展自己的才干！家长不来学校看望学生，要么是因为远在他乡打工，不便来，要么就是对我们的信任和放心。家长来学校看望学生，见见我们，是走亲戚。对这些兄弟姐妹要热心、要热情，我们虽然没时间、没财力盛情款待他们，但我们有的是笑脸和笑容！

"怀"。"博文中学是无尽的蓝天，任凭你一只只雄鹰展翅飞翔；博文中学是肥沃的大地，任凭你一棵棵参天大树茁壮成长；博文中学是浩瀚的大海，以其博大的胸怀，张开双臂欢迎你滔滔大河、滚滚长江！"博文中学的老师胸怀宽大无比。如弥勒，"大肚能容，容天下难容之事"，似大海，"海纳百川，有容乃大"。"世界上最宽阔的是大海，比大海更宽广的是蓝天，比蓝天更宽广的是男人的情怀，比男人情怀更宽广的是博文中学老师的胸怀！"就以大海论，无论你是滚滚长江，还是涓涓细流，无论你是清，是浊，是酸，是咸，即使你裹挟着冰块、泡沫和渣滓，一概来者不拒。以一颗包容的心包容一切。从学生角度讲，不管你来自天南海北，不管你有什么性格和脾气，不管其父母是高官还是百姓，凡来博文学习，都是咱的学生！凡送学生到校的家长，不管他因孩子的进步而面带笑容，还是因为孩子的淘气而怒发冲冠，不管他衣冠楚楚谈吐风雅，还是风尘仆仆满身泥土气息，不管他拥有金山银山还是仅有几亩薄田，都是咱的兄弟姐妹，都是咱的亲朋！都以十分的诚意，笑脸相迎。

博文老师应牢记三个字："忍""退""慢"。

"忍"。隐忍，忍受，忍让。忍字，是心上一把刀。老祖宗造字含义之深，可见一斑。心头上插一把刀，尚能忍受，还有什么不能忍？小不忍则乱大谋。忍，滋味肯定不好，能忍，是一种气量。领导的错误批评，能忍；同事或家长的无端指责，能忍；学生的不理解、误解，甚至恶作剧，能忍。把脾气拿出来，是人的本能；把脾气压下去，是人的本事。请牢记：生气时不发脾气；发脾气时不生气。

"退"。当进则进，当退则退。知进退，是一种学问，是一种策略。跳远、跳高时，退几步是为了跳得更远，跳得更高。在学习上，在教学业务上，要只进不退。在为人处世上，要懂得进退。在学生面前，在家长面前，在同事面前，一些非原则性的问题，忍一忍，退一退，没人低瞧咱们！正如两人相向走在独木桥上，只有一个人先退到桥下，两个人才能顺利过桥，如果僵持不下，都不退，结果是都过不去，甚至有掉进河里的危险。主动退下的不是傻子，是聪明，是机智，是伟大。退一步海阔天空。为一件小事而争，为一句话而争，即使暂时占了上风，失去了人缘，实则因小失大。

"慢"。当快则快，当慢则慢。懂快慢也是一种涵养，一种艺术。现在处于信息社会，很多机会转瞬即逝，需要抢抓机遇，动作慢了就要落伍。比如课改，人家都改，你还沉湎于老一套，你还按部就班，慢慢蹭蹭，与时代不接轨，效率低下，很快就会被落在时代后面。对于有些问题，也需要当机立断，快刀斩乱麻。俗话讲，"当断不断，必受其乱。"但应当清楚，处理有些问题，需要慢点来，冷处理。尤其是处理学生之间的问题和师生之间的问题，包括与其他人的人际关系问题，本照一个原则，先处理情绪，再处理问题。带有情绪处理问题，往往会出现偏激，很可能出现事与愿违的结果。处理者以及矛盾双方都头脑冷静，心平气和，就很容易达成共识。对于学生的进步，不可急于求成，也要有耐心和耐性，要静待花开。

岁月匆匆溜走，在博文中学过去的人和事总是让人怀恋。幸福之花一直在心头怒放。

王伟老师是在2016年8月15日加入博文这个大家庭的。第一天上班，已经习惯签到的她怎么也找不到签到台，问后得知，博文中学不用签到，大家都是自觉按作息时间上下班。当时她感到有点惊奇，这也许是全县唯一的一所人性化管理的学校！

有一天，她一进办公室，发现办公桌上有一张留言条，开头第一句话就是："王老师您好！请您把本学期的学习资料统计一下，谢谢！"落款是宋善玺，她看了后真是受宠若惊，她想，她只是一名小小的职工，竟然受到宋校长如此的尊重！从此，宋校长那伟大的情怀深深地打动了她，至今她还保留着那张留言条。每次遇到宋校长，她都情不自禁地说："宋校长好！"宋校长也马上回应："王老师好！"甚至有的时候她还没来得及开口，宋校长就乐呵呵地说："王老师好！"博文中学不管是领导还是同事之间，关系都十分友好，不是一家人胜似一家人。

踏进心田的每一寸，踩透心灵的每一时，处处充满了感动。在2017年9月中旬，王伟老师的儿子做了阑尾炎手术，领导知情后劝她请假去医院照顾孩子，因为工作繁忙，她没有请假。期间，学校领导去医院看望孩子，记得那时已经是晚上八点，因为当时学校工作比较繁忙，领导加完班之后才去的医院，晚饭也没顾得上吃，看到领导在繁忙之中前来看望儿子，她真的是热泪盈眶。

老师们有缘共聚博文，在幸福中携手共进，不负众望，让博文因他们而精彩，他们为博文而骄傲！

德育处王露露老师说，去年学校开展的"大手拉小手"活动，她深有感触，在与学生相处的过程中，她和学生们渐渐地成了朋友，无话不说。当开始接触同学们的时候，她其实有点抵触，但是经过长时间的相处才发现，其实这些学生并不是属于"不良少年"，他们只是有一些小小的不良习惯而已，比如：上课开小差、宿舍就寝后说话、吃零食等，这都是一些不良习惯。她觉得这是专属于青少年的一些标签，正是因为他们正值青春，才会有一些不良习惯，不然的话，他们岂不是和大人一样了吗？

在与学生们相处的过程中，王露露老师和学生们会定一个小小的目标：这个星期在宿舍就寝后不说话、上课不睡觉，当他们完成目标时，就会给予他们一些奖励，如：棒棒糖、水果、零食等，虽然这些奖励不值一提，但是这样可以鼓励学生们，使他们不断进步。

郭利平在教师的岗位上已经工作十几年，十几年时间里忙忙碌碌，和孩子们一起哭过笑过，曾陷在每天的点滴琐事中迷惑过，也曾在孩子们的调皮中不知所措过。但一颗热爱教育的心却不曾改变，因为在教育的路上，有太多点滴的美好，点亮了前行的风景，有太多可爱的孩子让人感动。

当她在课堂上津津有味讲解某知识点，台下的孩子们用一双双炯炯有神求知若渴的眼睛注视着她时，一种油然而生的幸福感涌上心头，忽然感觉好有成就感。当帮助同学解答疑难问题有结果时，看到学生幸福的眼神时，她倍感幸福。当因她的帮助而让孩子有很大改变时，那种幸福又怎能是用语言来形容的？

王子涵同学在上学期9月17日请假回家，一直到年底1月10日才返校。在那段时间里，郭利平多方询问原因，问是不是有同学欺负他，回应没有，本班没有，全校没有；问是否转校？家长及同学均回应，没有。家长最终给了个很勉强的理由，鼻炎需要去北京做手术。该怎么办呢？郭利平多次求助王主任、魏主任寻找解决问题的方法，他们告诉她，要和家长多联系。于是，每隔一段时间就询问孩子的身体状况，及时告知孩子现在的学习进度，并传达全班师生对他的关心及思念，同时给家长建议跟孩子沟通交流的方法。

王子涵终于又重返了校园，因为长时间不在学校，许多知识都落下了。于是，郭利平多次进行鼓励开导。孩子脑瓜比较好用，再加上特别努力，在4月21日的考试中，王子涵同学由50多名进步到40名。周末回家的时候，郭利平给孩子发了奖状和奖品，没想到家长看到孩子的进步后高兴不已，给郭老师发来了感谢的信息。郭利平感觉自己好幸福啊，因为这种感谢不仅仅是对自己工作的认可，更渗透着一个家庭的幸福感。

人文管理，不仅仅给老师们带来了获得感和幸福感，还影响到了家长和学生。八年级4班张慧欣的妈妈对我们说：

2020年注定是不平凡的一年，在新年伊始，一场突如其来的新考验，不期而遇的新挑战，来到了全国人民面前——新冠肺炎疫情。为了更好地应对这场突如其来的灾难，全国上下众志一心，积极回应国家号召：封城，封村，自我隔离。

在放假的这段时间，学生的作息时间基本上都是九点多才吃完早餐，孩子基本是完成寒假作业之后，就不愿再复习功课了，完全的自我放纵，沉迷于电视。但令我欣慰的是，孩子还是听话的，让她看书时她还是会看，只不过持久性不长，注意力不是很集中。还有一点便是，孩子会偶尔帮我干家务，比如扫地、洗碗、洗衣服等等，在家这段时间厨艺也是大有长进。

学校停课不停学，网课开始了。网课虽然不能与老师进行面对面上课，与老师进行课堂互动，听课效果可能不是很好，但是网课会有回放。我们家孩子基础比较差，上课时可能有一些地方不是听得很明白，所以这时她便可以看回放，反复看，直到弄明白为止，这样反而提高了学习效果，孩子如果还有其他不明白的地方，她还可以去询问她的堂姐堂嫂。这样她的假期反而更加充实了。因为以前她每周末回家，都是草草地写完作业，应付老师。更不会想着去复习功课，每次跟她说，她都会说周末就应该好好休息，而不是用来学习。

但在这个疫情来到之后，我的孩子比之前更懂事了。有时候她还会像一个小大人一样，在家这段时间她进步很大，不管是学习还是在家的平时表现。

在课余闲暇时间，她也会陪着奶奶说说话，帮帮干干家务，陪小堂妹玩玩，看看电视，玩玩手机，放松放松。过了一年，长大了一岁，也变得更加懂事了。在这疫情期间，虽然不能够出门，但却感觉比以往任何一个假期都过得更加充实，更加美好。当然这也离不开老师的教导，因为在学校时，老师每天都在告诉孩子们怎么学习，怎么孝敬父母，只不过现在有了更加充足的时间来完成，在此非常感谢各位老师对我家孩子的谆谆教导。"老师，辛苦了！"除了一句简单的慰问我不知道还有什么话语能够表达此刻内心的感激之情。

当然，人文管理的前提是规范，规范的前提是制度保障。为此，学校也通过不同的途径向老师们灌输"制度第一"的思想，让遵守制度成为每一位老师自觉的行为，让制度成为学校的守护神。

第二节　精细管理出效益

先哲们说：穷则变，变则通，通则久。物理学上说：静止是相对的，运动是绝对的。我说：这个世界上没有任何事物是一成不变的，只有改变才是唯一颠扑不破的真理，事是如此，人亦是如此。

作为一名老师，我始终相信，学生是花朵，花开有早晚，花期有长短，只要有耐心，静待花会开，这不，又一个活生生的例子，验证了我的观点。

马叶凡同学，自打升级再分班进入我所担任的八年级7班后，着实让人窝火了一阵子。作为一名女孩子，可她的性情一点都不文静，特别好动，言谈举止动作夸张，每每谈话时伴随的大幅度动作，会引发"四邻八舍"的"连锁地震"，这活泼的性格若表现在课下也算是好的。但她偏偏表现在课堂上，你想啊，你正讲着课时，她在下面指手画脚；你让同学们讨论问题时，她在下面手舞足蹈，时时引来周边的哄堂大笑，那该是怎样一种窝火场景？同学们听课的注意力全被瓦解，都改听她的了，作为老师的你会做何感想？屡次三番，说教无用，我忍耐了两三次以后，就再也按捺不住了，狠狠地凶了她一顿。事后，把她叫到了办公室，我恩威并举。我对她说：我要把你树立成一个典型，若不是百人敬仰的榜样，就是臭名昭著的典型，你自己选。话是这样说，我当然是想让她成为前者，因为她的潜质不错，成绩也算突出，因此，我便想逼她一把，推她一程。没承想，马叶凡同学根本不上道，以后依然我行我素不说，甚至还有些变本加厉。不仅上课不认真听讲了，而且又开始不交作业，甚至还时不时迟到，还拉着别人一起"沦陷"。班主任找其谈话，无用，叫来家长亲戚，也未见奏效。了解了她的家庭情况后，我知道作为留守少年的她到了叛逆期。心想，与其逼得越紧，反叛得越厉害，适得其反，不如权且放一放，冷冷她吧，她终会有回心转意的一天。于是，她就在教室里最角落的地方，被"冷冻"了两三个月。

新年过后又开学了，我开始检查寒假作业，曾经一度不写不交作业的马同学，竟按时把作业交上了。我心一喜，她回来了？打开其作业一看，书写工整，量完成的，在班里也算是足的了，多好！我忙不失时机并不针对性地把她和其他表现优异的同学表扬了一番。从此以后，我感觉她改变了，离我越来越近。背诵最快，书写最快，得分较高一行列人中，竟时时有她。我释然了，这才是我想要的，这不，上个星期的周清考试中，她的成绩，已经跻身于班级前10名了，年前可是二三十名，我继续我的"甜言蜜语"式的鞭策，我知道她还会进步的，不信，就看本次月考吧。

由此，我想到了很多。人是复杂多变的有思想的高级动物，成长中的未成年人的思想更是变幻莫测。孩子都是在摇摆中成长的，有时候退步，走弯路在所难免，只要孩子的道德品质，不是恶劣败坏，就应多机智正向引导。有时对他们的管理，就好像攥一把沙子，攥得越紧，流失得越快，逼得越紧，行为就越乖戾。而改用若即若离的捧托，反而不会流失，这个权且称之为"距离管理"或"流沙效应"吧。

眼中有人，心中有爱，给孩子们一个机会，有时也给了自己一个台阶。一方幽谷，在爱的滋润下，人会慢慢变好的，因为人性本美好。

这是魏寨勇老师给我们推荐的一个教育案例，马叶凡同学的变化，实质上是得益于博文中学实施的"精细化管理"。

"精细化"是博文中学管理理念其中的一项，就是要全面实施素质教育，深入推进新课程改革，严格贯彻执行国家、省市课程计划；全面落实国家课程和地方课程，加强对课程的领导与监管，提高教师对课程的执行力；加强校本课程开发和建设力度，培养学生的兴趣爱好，促进学生个性发展；进一步转变教学观念，改进教学方法和教学手段，规范课堂教学模式，深化高效课堂建设，提高课堂教学效率；进一步建立、健全各项教学规章制度，加强过程监控，实施精细化管理。

学校要求根据实际修改完善高效课堂常规管理制度，要包含备课、课堂教学管理制度、校内外作业管理、辅导学生、检测管理制度、观课评课制度、教学成绩评价制度、小课题研究制度、教学反思制度、普通话及规范字使用制度等教学管理的各个环节，根据教学常规管理制度对教学过程进行全程管理。加大课堂教学管理力度，规范教师的课堂行为，引导教师通过自身的人格魅力感染学生，为学生创设自主探究、交流、合作的机会，尊重学生的见解，重视学生的体验，鼓励学生创新，引导学生关注生活，关注实践，建立和谐的师生关系。

博文中学七年级语文组有这样一个习惯，每次晨读都会安排在课内背诵的基础上再背一首课外古诗，然后在每天练字的时候将晨读所背古诗背写出来。语文组每大周有六次集体备课，在每大周最后一次集体备课的时候，由主备人开始说明，所有的参与者进行探讨，最后明确下一大周的这项学习任务。

他们对于内容的确定基本会围绕古代伟大的诗人作品进行背诵和鉴赏，比如七年级语文教材中出现了李白、杜甫、杜牧、李商隐等伟大诗人的作品，他们就会选择这些诗人的其他作品进行延伸背诵。比如第一大周选择李白、第二大周选择杜甫、第三大周选择杜牧等等。

有背诵就必须有检测，否则无法了解学生对诗歌背诵的落实情况，课内古诗文更是如此。为了培养学生书写工整的习惯，学校晚自习时间专门设置了写字课，希望通过每天练字能够让学生意识到写字的重要。同时，为了能够全面了解学生对诗歌背诵和理解的掌握情况，他们就将写字的时间利用了起来，希望达到既能检测背诵又能起到练字的双重效果。他们几个语文老师每次练字课轮流值班，给学生安排练字内容，即晨读所背内容。写完之后，有时候是老师收上来全批全改，有时小组之间互批互改，根据小组每个成员的正确率，对小组进行积分。因为大家都很在意自己小组的积分，所以小组的每一个成员都想让自己的小组积分有一个好的名次。

针对背写出现的问题，比如错别字或者漏句，几个老师经常会利用微信群进行探讨错别字或者漏句可能的原因。他们就会利用晨读、阅读或者晚自习时间，根据提出的问题对诗歌内容进行更加详细的讲解，对诗人的诗风、人格以及情怀进行介绍、补充。

当然，中华文化博大精深，而古诗词是中华文化的典型代表，他们也希望孩子们多读古诗词，可以增进对中华文化的认识和理解，更加能够陶冶情操，丰富知识，更重要的是腹有诗书气自华。"读史使人明智，读诗使人灵秀。"学习古诗词不仅能使人灵秀，更重要的是使人脱离庸俗和低级趣味，更加文明和高雅。学习古诗词能造就和改变一个人的性格，能陶冶一个人的情操，能使人的志向、情操得到陶冶和升华。多读古诗词可以无形间影响一个人的谈吐与气质，会令一个人获益匪浅。

另外，培养孩子的爱国情操，背诵古典诗文对孩子的个人修养和人格发育有好处。古诗文是塑造民族归属感和自豪感的良好载体，让孩子们自小就扎根在自己的文化传统中，这是爱国主义最具体的表现。不管他们将来学文学理，良好的传统文化素养对提高国民素质大有好处。

2019年第一个月的教学工作顺利完成了，这个月他们的语文教学内容为第一单元，一篇说明文《大自然的语言》，三篇文言文《桃花源记》《小石潭记》《核舟记》，在进行了这个学期的第一次月考考试后，他们对这个月的教学进行了反思。

本学期实行大单元教学，第一单元学习，按照寒假培训的内容进行，首先让学生进行预学，做预学案，限定时间并批改、点评，接下来就是精讲课，按照精讲流程七步曲进行。大单元整个流程下来，学生方面对于知识的记忆加深了，尤其对于文言文的学习非常实用，学生课堂上动嘴、动脑的机会更多，让老师在课堂上变"懒"了，反而学生能把知识点记得更牢固。

上学期已经学过说明文，这学期第二单元也是说明文，相对于记叙文来说，说明文有点枯燥无味。就学生的课堂表现来看，关于说明文的知识学生已遗忘大部分，在教授《大自然的语言》这篇文章时，先回顾了说明文的基础知识，让学生学习说明文之前有思路，主要还是讲四大点：说明对象、说明顺序、说明方法、说明语言。学生对于分析文章的说明顺序方面还有所欠缺，脑子里没有答题思路，需要继续点拨。

这个学期，张老师因为身体的原因没有再担任班主任一职，由崔晓灿主任担任班主任。一开始，学生了解崔主任的办公室在德育处办公室，所以表现上有点"肆无忌惮"，再加上学生在家休息了一个寒假的时间，故在开学伊始维持纪律有点吃力，不过经过崔主任的努力，现在课堂纪律已有明显好转，通过这次的月考成绩也能够表现出来，但还有进步的空间，需要老师和学生共同努力，共创八（3）班美好的明天。

高彦龙老师在总结自己的教学时说道：

要根据学生实际情况，进一步强化基础，包括基础知识的理解、基本的读写能力的训练，以及基本的阅读和写作方法的指导等。要多在规律上进行指导，切不可求深求难，偏离基础盲目训练。如字词训练，要归纳出重点字词让他们反复看、记。在古诗文背诵后要及时检查，诗词做到倒背如流、默写无误。

要进一步了解学生目前的情况，尤其在暴露出的问题上进行有针对性地指导。如：文言文要狠抓背诵默写、分析理解等，方法可以多样，可早读抽查，亦可以作业的形式让学生加以巩固等。又如现代文阅读要进一步加强良好的阅读习惯的培养，要求学生先认真阅读全文，从整体上去把握，然后对照题目进一步细读；还有答题时要注意语言表达，力求简洁规范准确，切不可没想清楚就写。再如作文指导要进一步改变学生的认识，要求学生写真情实感，以及通过平时的广泛阅读掌握更多的料。

对学生要分类指导，在课堂教学、课外指导方面都应采取相应措施，减少大一统、齐步走的组织形式，采取更灵活多样的教学方式。特别要重视对后进生、薄弱生的具体指导，在评价、要求、训练、手段、心理交流等方面因人而异，树立他们的自信心。

王云丽老师也说：

这学期的教学工作，相当难做，学生上课不在状态。光阴似箭，日月如梭，转眼，这学期将近过去一半，学生还不能安心地投入到学习中去，这是一个严峻、亟待解决的问题，对我这样一个缺乏教学经验和管理实践的新教师来讲，更是一个前所未有的挑战。我积极学习优秀教师的教学方法，并设法融入自己的课堂教学中。

首先，在教学实践中，我认为教师不只是知识的引导者、传递者，更是学生人生路上的引路人，三分教七分管的教学，我深有体会，学生往往会曲解老师的意思，所以在这个处于严重叛逆期的学生，我们要包容，要学会引导，让学生在思想上积极上进，行动上自我约束，努力做一名新时期初中校园的三好学生。

其次，针对每一次考试测验，我都认真对待，不管考试结果是好是坏，我都会去总结经验教训，为学生成长扫清障碍。狠抓督导工作。学生自制力普遍较弱，需要柔性管理中融入一点刚性，做到刚柔并济。有的放矢做引导。初中生思想认知尚未成熟，心智尚未健全，仅凭强制性管理收效甚微，教学中应重视引导，让学生形成正确的学习观，从而思维引导行动，最终表现在日常学习上。切实做好培优工作，在全面了解学生的基础上，确定培优对象，针对不同培优对象，制定与之匹配的培优策略，一方面抓知识掌握，另一方面注重学习能力培养。

这些老师的做法，无疑是在落实"精细化"管理的要求，狠抓细节不放松取得的成果。

为了更好地落实"精细化"管理要求，博文中学开展了"四清"教学工作督导，督导内容为"堂堂清、日日清、周周清、月月清"，并安排得力人员具体落实督导工作。

堂堂清督导：

堂堂清的责任人是任课老师，督导组每天听3～5位老师的课，督导老师上课必须有目标，能达标，能堂堂清。听完课之后，抽查2～3个学习小组的学生进行测试，检查堂堂清效果。测试时间建议安排在上课结束后马上测试，特殊情况可以安排在上午或下午课间操时间。测试内容要依据学科情况灵活多样，要针对所讲内容测试，严禁形式化。如：语文学习古诗文时，可以要求学生背写；英语学习单词或课文时，可以背写；数理化可以拿基础训练或其他资料挑选试题检测等等。测试地点可以是办公室，也可以是会议室，可以依据学生人数具体确定。鼓励堂堂清小组从实际出发创新开展工作。

日日清、周周清、月月清督导：

日日清督导要从作业批改、限时练批改、试卷批改等入手检查。比如数学每天第五节课做的限时练，看老师是否有批改，有反馈，有检测，有错题重做。

周周清和月月清结合年级组进行周清考试和月考考试督导。周清试卷要针对本周学习内容出题，要针对本周学生出错率比较高的知识点出题，错题可以反复练反复考。

日日清和周周清的责任人是备课组，督导工作要多和备课组沟通。月月清的责任人是年级组，督导工作要多和年级组沟通。周周清和月月清之后，可以建议年级组用原卷或试卷中出错率比较高的试题对掌握不好的学生重新考试，做到错题重考，考后掌握。

"四清"督导实现了向40分钟课堂要效益，向高效课堂更靠近，全面提升了教学质量。

实施"精细化"管理，狠抓细节，最忌讳的是形式主义。

曾经，教育局主管部门开会通知各学校禁止上早操，理由是空气质量太差。偏偏那几天的空气质量都是优，在九年级体育考试即将到来，需要加强锻炼的关键时刻，这个通知，实在令人无语又气愤。就连一向以宽容大度能理解人著称的校长宋善玺也忍不住发了感慨：形式主义要不得，形式主义害死人呐！

身处教育一线的老师们最擅长的是真打实干，对于那些形形色色的形式和工作留痕，的确让他们难以招架，甚至苦不堪言。教学工作本身的琐碎繁杂，已经让老师们精疲力竭，再难抽出时间精力应付这些形式主义的东西。但各级领导们如果没有形式没有留痕，就好像没有业绩，自然要坚持去做，最后也只能以牺牲老师"备讲批辅"时间来完成领导们安排的"政治任务"，教学重中之重的工作也只能大打折扣，从而影响了教学质量。万般无奈，也只能学宋校长一声长叹：形式主义要不得，形式主义害死人呐！

不仅教学管理中存在形式主义，就是教师的实际教学中，形式主义也无处不在。宋善玺校长列举了一些在教学工作中常见的形式主义现象，供老师们全面查摆问题，深刻分析，研究解决之策。

在集体备课活动中，存在有准备不充分、组织不严谨、人员不齐整，或根本不组织，虚填一份活动记录表，上交了事的现象。在个人备课方面，很多老师从网上下载电子教案，就算是第二次备课有些也是随便写几句，或者是应付检查时临时补上去的，上课与备课严重脱节。

在上课环节中，个别教师过分注重教学程序的完整性，忽视不同班级或同一班级不同学生接受能力的差异；有的教师只注重教学任务整体进度的完成，而忽视在学习过程中对学生实际理解接受情况的分析、检测、评价，导致有速度而无实效；有的教师对新形势下学情缺乏深入分析思考，或不落实新的教学要求，或简单套用模板，教学过程缺乏针对性。

在辅导环节中，迫于应试的压力，有的老师辅导学生时主要采用题海战术，机械抄写等方法，而不去了解学生的真正需求，对学生所提出的问题，缺乏倾听完整的耐心。上完课后很少与学生有近距离接触，因而就少了与学生亲如朋友的交流，缺失了对学生贴心的情感引领、品质引领、思维引领等。比如，我们一直在进行的培优帮困工作，如果按每月的检查与督促表看，规定动作都做了。但不同年级、班级的效果差距却很大。原因恐怕就在于具体任课教师在每节课、每天、每周的落实与推进中，有的讲求了实效性，而有的只走了一下过场。

反思反思，万般无奈，也只能学宋校长一声长叹：形式主义要不得，形式主义害死人呐！

看上去很美丽的这些形式，细思极恐。造成形式主义的原因是什么？

一是惰性作风。惰性作风是滋生形式主义的土壤。不贴近学生，就缺乏师生沟通；不深入班级，就不了解学生；不参与活动，就不知道学生的需求；不深入研读教材，就写不出个性化的教案，更谈不上因人而异，因材施教了。

二是应付作风。应付作风是产生形式主义的根源。在课堂教学活动中，个别教师不学习，不钻研，不反思，不创新，工作任务面前敷衍了事，投机取巧；不求过得硬，只求过得去。

三是松散作风。松散作风是滋养形式主义的温床。如果管理部门对教学过程没有真正严格要求，查处力度不够，一阵松，一阵紧，就会造成搞花架子的不受处罚，扎实做事的得不到肯定和表扬，形式主义之风越来越蔓延。

宋善玺校长经常告诫大家："只要我们认真反思，就不难发现，形式主义就像病毒，已经侵入了学校校园和神圣的课堂，形式主义仍如幽灵一般游荡着，严重影响着我们的教育教学质量。如果任由其发展，势必会对我们的教书育人工作造成极大损害。"

博文中学的老师们心中都很清楚：要认真仔细地实施"精细化"管理，不让任何一个环节出现纰漏，狠抓各个细节，才能避开形式主义的侵害，教育教学各项工作才会事半功倍。

博文中学的精细化管理体现在方方面面。在跟高洁楠老师聊天时，她跟我们说起了学校给学生发的"特殊'奖品'"。

因为博文中学的学生大多为寄宿生活，远离父母在外求学，孩子们在课下尤其需要关怀，关注学生，不单单只关注孩子们的成绩，还要德智体美劳全面发展。而班级管理设置的积分管理，正是孩子们在校的综合评定，家长们也通过积分表现了解孩子们的学习生活。而孩子们在离校时总希望带给自己父母的是开心的喜报。奖品设置得好，奖品发放时间设置恰当，尤其能调动孩子们学习生活的积极性。发放奖品时间通常设置在离校的前一天，综合一周的表现（总结上周安排下周），这样能最大限度调动学生自主管理和团结合作的积极性。奖品设置通常会提前调查孩子们比较感兴趣的奖品（购买什么样的奖品，孩子们说了算，班委会在购买奖品之前要先征得同学们的意见），水果（点心）或者是一些刻有团队标志的纪念品。

　　每周在结尾时会总结学生在校一周的表现，对优秀小组进行积分兑现，让学生和家长及时了解孩子的在校表现，奖品是孩子们拿自己的努力和汗水换来的，不仅仅是物质，更代表了团队荣誉和激励。也代表了孩子们小组合作的积极团结，所以在小组奖品上孩子们总是格外期盼，也让孩子们收获到意外的"礼物"。

　　八年级九班袁会栓同学领到令人羡慕的特殊奖品是火龙果，他舍不得吃掉，悄悄藏了起来。周五是学生回家的日子，他又可以见到慈爱的爷爷了。这珍贵的奖品，他要和爷爷一起品尝；这份喜悦，他要和爷爷一起分享。爸爸妈妈外出打工，爷爷是他最亲的人！校长和老师经常教导学生，要懂感恩，尽孝道，爸爸妈妈不在家，孝敬亲爱的爷爷，是让袁会栓最幸福的事情！

　　爷爷年龄大了，身体也不太好。会栓回到家里，就从书包里拿出火龙果，切好，递到爷爷手中。爷爷手中拿着火龙果，脸上满是欣慰和幸福。

　　这样感动的孝心事迹还有很多。石勇浩同学把奖品"秋梨"好好地保存起来，带回家熬成梨水给感冒咳嗽的父母，希望父母身体快点好起来，这"特殊的奖品"也培养了孩子们美好的孝心。

　　高洁楠老师说：美德留给自己，孝心献给亲人。博文的学生，没有辜负老师的教导，没有辜负父母的期望！火龙果价格虽贵，比火龙果更高贵的，是博文中学德育领先教育理念下成长起来的学子！

这特殊的"奖品"也是博文中学精细化学生班级管理的体现。把课堂还给学生，最大限度地激发学生自主学习的潜能，一直不断完善小组管理机制，而最为突出的就是对积分进行兑现奖品。

第三节　遇到糟心怎么办

在学习生活中，无论是学生，还是老师、家长，都有遇到糟心事的时候。魏寨勇老师就遇到了这么一回：

和一群半大不小的孩子们在一起，心情起伏天天如同坐过山车。

某月6日，对我来说是一个黑色的星期二。这一天的紧张与忙碌，时间安排满得我要用分钟来计算，焦头烂额使我异常烦躁。

连轴转一直到了下午课间操时，该轮到我班与邻班拔河了。而进行的听评课还未完成，不管了，我大步迈来小步跑地来到操场上，马上就轮到了我班上场，看到我班一向慢慢悠悠的参赛选手，竟还在犹豫是站在靠前一点还是靠后一点，绳两边的人数不均衡时，我气就不打一处来，就这样的准备工作！胡闹！我赶忙下指令，让他们两边人数均等，让"大块头"的同学去后面拽绳头时，比赛的哨声已经响起，对面齐刷刷的加油声一浪赛过一浪，而我班原来选好的"啦啦队长"竟找不到人！心里那个急呀，于是我一个人扯开嗓子喊起了："加油！加油……"但没有节奏感，学生拉起来很吃力，很快，中间的红绳开始向对方移动，仅仅僵持了几秒钟，我班队员便被生生拉倒了。第二局交换了场地后，结果如同复制。短短的几分钟时间，我班便被对手以2：0的成绩KO了。

　　退出比赛场地后，我简短地说了输得好，以后你们就知道准备工作的重要性了等之类的几句话，因为考虑到还要进行评课，我便沮丧地径直离开了操场，回到教室楼又遇到了多起烦躁的事儿。当时的心情呀，简直糟糕透了。

　　第三节下课后，班里的一个女生竟然过来安慰我。但说着说着她却先哭了起来，弄得我措手不及，后来她给我留下了一张纸条，让我单独时间看看。纸条上写着如下内容：

　　"老师，我知道你心里肯定不舒服，我也知道你也不愿意表达出来，每次遇到烦心事总是憋在心里不说，你这样会憋坏自己的。老师，乐观一点，说实话，看到你现在的心情，我心里也很难受，老师你知道吗？我有好几次的念头儿都不想在这个班里待下去了，我怕在这里会毁了我，这一次次的念头，我感觉真的对不起你。在班里，你那么地重视我，我却有这样的念头，我心里也很惭愧。但是，老师你知道吗，在我们班里是邪压正，而不是正压邪，我自己也感觉到自己现在学习状况大大不如从前，我一直在努力地克制自己，可是还总会管不住自己。老师，我知道每天有一大堆的事麻烦你，但是我感觉我们班的人一点同情感都没有。其实我是恨我们班学生的，怪他们不懂事，怪他们总是气你。老师，我也知道你任务很重，每天总有忙不过来的事，我心里真的是很不是滋味。老师如果有什么苦不愿意说出来的，可以写在纸上，然后，把纸撕烂、扔掉，这样心里的不痛快会减轻很多。老师你一定要开开心心的。

老师，记住你在哪儿，我也在那儿，我不想再有转班的念头了。"

纸的反面写着一句话：你对我们期望那么大，可是我们总是一次次地让你失望。

看完我心里热乎乎的，不知道是个什么滋味。

第二天，果然不出我所料，由于过于投入，用嗓过度，嗓子哑了！在给学生上课时，只能借助扩音器了，这东西以前在我班上课，我是不常用的，看见种种的"不良现象"，我不能再用"厉声断喝"来威慑了，心里的急火，只能化作尖利的眼神了，当时的心情像倒了五味瓶，五味杂陈，到底图了个啥呀，唉！

下午第四节课后回到办公室，无意中向前一瞅，办公桌上的电脑后赫然放着一盒东西，拿起一看，是一盒"复方草珊瑚含片"，上面还写着"老师你辛苦了"，后面画了一个笑脸。"嗓子好了要多笑，多喝水，9.4"，后面又画了一个笑脸，"笑"是特意用不同颜色的笔写的。顿时，五味瓶又倒了一次，打开盒子，我先含了两片药片，一时间，嗓子竟不再火热灼烫，我感觉轻松了许多。

又过了两天，上午第三节课后，又一名女生来到办公室，送来一盒"胖大海"，并叮嘱我多喝水，我表示谢意，要给她钱，但她坚决不要，并跑着离开了。我的小心脏呀，又一次被触击。

还不行吗？够了！想一想，不高兴时就对学生横眉冷对，而学生见了你，依然是低下头，俯下身，来句"老师好"；想一想你心情不舒服时学生递来的一张张的小纸条；想一想家长那一句句殷切的嘱托……还生什么气呀！

走，改作文去！

南乐博文中学注重引导、化解，搭建平台为师生及家长排忧解难。学校经常性开展问卷调查，时刻了解并关注师生及家长的思想情绪动态。

生活中难免遇见各种压力，学校号召把压力装进袋子里，让心中常驻彩虹。更别忘了在自己的压力袋里装满宽容、笑容，那样你就会少一分阻碍，多一分成功的机遇。否则，你将会永远被挡在通往成功的道路上，直至筋疲力尽！

下边是李志蕊老师写给九岁儿子的信：

亲爱的孩子：

昨天晚上家里断电了，刹那间周围的一切都安静得可怕：电脑没声音了，电视没画面了，空调不转动了，电灯也罢工了，就连正在烧水的电热壶也没动静了。而你在经历了短暂的惊慌之后就开始抱怨："怎么这个时候停电呢？啥也看不见，啥也干不成，真烦人！"是啊，停电的晚上的确很烦人，干啥都不方便。如果停电的时间再长一点的话，手机不能充电，电动车不能充电……天啊，那样的生活该是多么的糟糕！

但是，孩子，只抱怨是不行的。电卡里没钱了，供电局理所当然要停止供电。所以，我们若想空调继续转，电脑继续开，电灯继续亮，我们就得给电卡充值，就得需要钱。

孩子，你知道吗？以我们家的电量使用情况来看，480元（你知道这个数字的意义）可以使我们享受5个月的电力供应。若没了这480元，你可以想象一下，这5个月该有多么漫长，多么可怕！

孩子，这下你知道480元可以产生多大的价值了吧，其实，它能产生的价值远不止这些，比如：它可以换来6个月的液化气，保证我们6个月有热饭热水不挨饿；它可以为你买一身不错的棉衣棉鞋，保证你一个冬天不受冻；它还可以买一辆轻巧的自行车，让你在闲暇时去骑行、健身；甚至它还可以拿来做理财投资，从而衍生出更大的利润……

可是，我的孩子啊，你都拿它做了些什么呢：几个悠悠球、一对打开就沙沙作响的对讲机、几乎持续不了两分钟的录音笔，以及一堆毫无营养的零食……

面对我的责问，你显得很委屈：别人家的孩子不都是这样的吗，为什么我要接受惩罚？是啊，没见过爸爸恶劣的工作环境，没感受过妈妈巨大的工作压力，没经历过生活艰难、人生困苦的你，又怎能知道金钱的难得，幸福的来之不易！

天天吃汉堡、炸鸡的人不会知道，为什么有人把干馒头啃得那么香甜；一身名牌、冷热无忧的人不会明白，为什么有人穿上一件并不时髦的新衣服就高兴得发狂；你会很奇怪为什么有的孩子用一只短得不能再短的铅笔头也能写出一笔好字；你会惊讶于为什么有的孩子穿着磨得露出脚趾的旧布鞋也能得跑步第一……

孩子，想想你的生活吧。冬天，北风刚想向屋里探头时，家里已经供上了暖气，以致你丝毫不能体会炉火存在的意义；夏天，骄阳尚未敞开胸怀，你就已打开了空调，完全拒绝了窗外那阵微风的好意；肚子稍感饥饿，奶奶就做好了可口的饭菜，递上了美味的零食；衣服稍有破损，爷爷就马上给你弃旧买新。试问在这种环境里长大的你又怎会知道卖火柴的小女孩对温暖的渴望，暑热的路人对阴凉的向往？你又怎会节约粮食，爱惜衣裳？

　　暖巢里养不出雄鹰，花房里长不出劲松；凤凰的神奇得益于它历经烈火焚烧后的涅槃，蝴蝶的美丽是因为它经受了脱胎换骨的痛苦。所以，孩子，去找点苦吃吧。无限度的溺爱和过于安逸的环境会蒙蔽你的眼睛，会消磨你的意志，会使你变得四体不勤，冷暖不分。

　　孩子，让我们一起去经受社会之火的淬炼吧，找一所没有空调没有暖气的出租屋重新开始。在那里，爸爸妈妈会着意培养你的自理自立，你的情商和财商。在那里你可能觉得日子有些清苦甚至是残酷，但你会从中发现什么是真正的生活，会从中发现一个全新的自我，会切实感受到生命历练的快乐！

　　孩子，你愿意尝试这种新的生活吗？我们期待与你一同成长。

爱你的妈妈
2015年2月24日

　　信中娓娓道出了这位妈妈对孩子的悉心关怀和引导。

　　南乐博文中学还搭建了多彩平台体系，让身处其中的每一个人都能找到属于自己的那份自信，找到那个与众不同的自己。

　　心里有了烦心事，班主任又很忙，该怎么办？

　　在以学习成绩为主流评价体系的校园里，对于成绩不太突

第二章　精致管理创佳绩

出的自己，从哪里找寻自信？

在校园里，主动去纠正一切不文明的行为，体验一把"天下兴亡，我的责任"的社会公民角色，勇气和自信来自那里。

学生的成长，有老师的陪伴。

"怡梦斋"全体同学：

经过"怡梦斋"全体同学的共同努力，我们终于获得了"文明寝室"的称号，在此，我向大家表示衷心的祝贺！

有梦就一定能实现。去年九月，我们"怡梦斋"刚刚组建不久，经过大家的充分讨论，共同确立了我们的口号："珍惜友谊，团结互助，文明寝室，非我莫属。"半年多来，大家一步步努力，逐渐克服了乱说话、床铺整理标准低、卫生打扫不彻底的问题，慢慢形成了良好的习惯。今天我们的目标终于实现了！看到寝室门口那面锦旗，我和大家一样好自豪好骄傲！

这是博文中学宋善玺校长在"怡梦斋"宿舍获得"文明寝室"后写的贺信。

这个"怡梦斋"宿舍让九年级学生郭佳婷羡慕不已。她告诉记者："这个宿舍可是我们校长亲自任'导师'的宿舍啊。校长天天笑眯眯的，对这个宿舍的同学太好了，让人羡慕啊！"

郭佳婷口中的"导师"，和博文中学的一项政策——全员育人"导师"制有关。这项制度要求全体老师都担任"导师"，以宿舍为单位，每位"导师"负责一到两个宿舍。每位"导师"每周至少要与责任宿舍的学生进行两次面对面的交流，进行心理疏导。学生把自己各方面的困惑和需要解决的问题填写到《"导师"与学生互动交流表》上，"导师"在一周内与学生交流，帮助学生切实解决问题。校长宋善玺也担任了一个宿舍的"导师"，时不时地把这个宿舍的孩子召集起来，谈天论地、畅快交流。

学校建立"导师"考核奖惩机制，每学期开展一次优秀"导师"评选活动，颁发荣誉证书和一定的奖励，并记入教师业务档案，作为教师评优、晋职、聘任的一项重要内容。

学生在教室里不敢表达的问题，都可以在宿舍和"导师"进行深入交流。学校年轻教师杨铭铭到宿舍去和学生交流，两个宿舍的学生居然抢着把杨老师往自己宿舍拉。

马剑飞老师常常会拿着手机在宿舍里拍视频，然后发给家长，让家长清楚地看到孩子在学校的情况。很多家长为此感激不已。马老师告诉记者："这个平台的搭建，让每一个孩子都没有被遗忘，每一个孩子都沐浴在'导师'的温暖里，让孩子有心灵归属感和安全感。"

八年级（1）班的苑森在汇报会上分享自己的感受：《你的优秀，不会被埋没》：

我是以"创新标兵"的身份来做一次简单而有趣、充满意义的发言，同学们可以否定我的观点或不听我的发言，但我希望听的同学能够有一些感悟。我只想用一个轻松的语气跟大家聊聊。

......

最后，我希望大家都有一个创新的目标。这个目标不必很大，但要坚持去完成。不瞒大家，我的目标就是减掉身上这身肥肉！创新中有个"新"字，它用英语说就是"new"，就是"牛"！我希望大家都能牛起来，牛气冲天！从现在开始，开始创新吧！

苑森，这个胖胖的孩子，酷爱航模，自己购置了几千个配件组装航模。这个演讲就是他被评为学校"十大创新标兵"后的发言。他的自信发言给大家留下了深刻印象。

"十大创新标兵"是博文中学众多评选中的一项，颁给那些有创新意识、有创新行为的学生。你有孝心和感恩之心，你就可以参评"十大孝心标兵"评选；你比较节俭，并做出了表率，有"十大节俭标兵"等着你；你在学习上能够帮助同学，并让同学的成绩有了提高，"十大学习互助标兵"会给你增色……

这些评选首先是以各班为单位进行举荐，然后由校领导、科任教师组成评审委员会，对候选人进行考察，最终确定。

结果产生后，学校会大张旗鼓地进行表彰和宣传，不仅发奖状，给家长发喜报，而且还要发奖品——最喜欢的书。

在这个过程中，孩子所体验到的是从内心生发出的自信和自尊。

博文中学的学生们用实际行动助人修己，传播文明。

在博文中学的校园里，有这样一支队伍，他们身着印有"文明在行动"的红色马甲，出现在餐厅里、教学楼里、操场上，他们是博文中学的志愿者。学校所有的学生都可以自由申报志愿者，申报成功后，经学校德育处统一调配，在学校里执勤。对于校园里的不文明现象，志愿者们前去规劝和提醒。志愿者给所有同学的倡议是：在黑暗的角落里，也要做光明的事情！

有人质疑志愿者：你们是闲着没事干，为学校服务又没有工资，图的是什么呢？

个子小、声音不小的校园名人、九年级学生闫帅杰告诉记者："有人说'天下兴亡，我的责任'，我很认同。虽然学校不发工资，但是我想用我自己的努力，换来一个好的公共环境。虽然有人骂我们，但是做志愿者，我无悔！"

刘方方，这个成绩总是保持前列的小姑娘，说起话来一脸笑容。她告诉记者，曾当过一天的"代理志愿者"。一次，刘方方做志愿者的好朋友请假，让她来帮忙做一天志愿者。

这一天的志愿者当下来，刘方方坦言"收获很大"。她说："一旦有了一种身份，不自觉地就有一种责任感，同时能培养自己的好习惯。因为看到别人的不文明行为的时候，就会反思自己。因此，当志愿者，可以助人修己。"

宋善玺校长告诉大家："志愿者这个平台，给孩子们的是一种大的人生观。这个世界上，人和人都是息息相关的。所有人的文明才能构成整体文明。要想创造一个好的环境，大家都要尽起责任。这所有的一切，对孩子们的成长来说，都是难得的体验。"

博文中学的多彩平台体系，仍然在进一步地完善和搭建中。这些付出和努力，带给孩子们的将是不可估量的正向影响。

第四节　我心疼俺的老师

2019年7月29日，在国学班家长会上，校长宋善玺发表了热情洋溢的讲话，话语间处处显露着对博文老师的赞美和心疼。他说：

各位家长，国学班的孩子在校学习马上两大周了。在开班典礼上，我曾经说过，参加国学班的孩子，经过不到一个月的学习，一定会让家长看到孩子明显的变化，至少能够做到"增知识""长能力""开视野""养习惯"四个方面的变化。经过实践，大家是否见到或感受到了孩子的变化？

区区二三十天，孩子为什么会有这么大的变化？

一是全校教职员工，特别是一线老师的辛苦付出！

我们的老师对学生的关怀无微不至。

孩子初来学校，眼生面不熟，特别是有些同学，小学没有住校经历。孩子的吃穿住行，老师都要过问和关心。几次出行，太阳帽、雨衣、饮用水、面包、火腿肠、牛奶、西瓜等等，考虑得一应俱全。尤其是孩子的安全，千叮咛万嘱咐，两只眼不敢让孩子们离开视线。

出行前，联系车辆，考虑如何让孩子们既舒服又安全。出行时，前后比较，看哪一天天气最合适。

……

可以说，对孩子们的关爱达到了无以复加的程度！

二是我们的老师对学生不厌其烦。

孩子们刚刚离开家，家长人在家，心在学校。每天都关心着孩子的学习、生活等等事项。微信群天天信息爆棚。

"李老师，请您看看孩子是否戴眼镜了。"

"李老师，孩子身体不太好，别让他跑步了。"

"张老师，提醒孩子别忘了吃药。"

"张老师，麻烦你给孩子开个假条。"

在外出游学时。

"老师，麻烦你给孩子拍个照片。"

"老师，咋没有看到俺的孩子啊?"

在教室课堂上，同学们上台背诵。

"老师，没看到俺的孩子上台呀!"

"老师，俺的孩子性格内向，多让孩子上讲台。"

……

面对家长这些提问和要求，作为校长，心里五味杂陈，忍不住在群内说："大家要知道，李老师是两个孩子的妈妈，担任着四个班的课。有时候信息不能及时回复，请谅解。"（聪明的家长要知道，校长话外的意思是，请大家尽可能少提一些个性化要求，老师不是保姆。）

面对这一切，我们的老师没有怨言，没有厌烦。我是打内心里感激!

我们的老师，绝对对得起学生和家长!

我们的老师绝对称得上优秀!

我们的老师都在默默奉献。

三伏天天气炎热。孩子们热，老师们更热。课堂上不说，几次出行，每一次老师们都是操碎了心，跑断了腿，汗水湿透了衣衫。

孩子们能不能吃好，老师们操心;孩子们能不能睡好，老师们惦记;孩子们能不能学好，更是想尽千方百计让孩子快乐学习，而且收获最大化。

不到一个月，老师们对孩子们有多少奉献，谁能说得清?

我感激我们的老师!

我心疼我们的老师!

宋善玺校长还经常亲自为老师点赞，暴志诚就是其中被宋校长点赞的一位老师。

博文有位老师，为人憨厚，谦虚，实在，不事张扬，内敛、内秀，指得着，信得过。他的性格和为人正如他的名字，志诚，有志向，有志气，实在，讲诚信。

先说他的"诚"。说话办事诚心诚意，实实在在。不管哪个领导安排什么事情，他都嘿嘿一笑，要么说"中"，要么说"甭管了，坚决完成"。凡交办的事情，事事有着落，件件有回音。从来没说过"不"，办事也从没掉过地儿。

为了迎接10月23日全国幸福教育联盟组织的专家团来校考察指导，社团活动汇报展示小组，几次组织彩排，他默默无闻做好自己分内的工作。为了搞好20日早晨的彩排，前一天晚上他在微信上通知大家，五点到达自己的工作岗位。他率先第一个到场，悄无声息地用三轮把音响拉到指定位置，接好线，调试好。当天，天气骤然降温，阴雨霏霏，北风嗖嗖，在"致远"操场彩排，在场的无不瑟瑟发抖。他主管音响，在假山北边，毫无遮拦，默默无闻，一丝不苟。

为了认真开展好篮球社团活动，每人需要一只篮球，为了让同学们爱惜篮球，需自己出一小部分钱。当时领导强调，限期收齐，收不齐的体育老师自己垫付。当时暴老师所负责的班级有两个同学情况特殊，没带钱，他主动自掏腰包把钱交给了会计。苑校长在不同场合一再称赞"暴老师真实在"！

在学生餐厅用餐，他不言不语和同学们一样排队。一天，学生放碗的橱柜打不开，他手脚麻利，几下子弄开了。事后王雪芹老师在微信上表扬他。他接着跟帖："没什么，尽我所能，为学生服务。"

他分管安全工作，参加教育局各种会议，及时汇报，并能简要汇报工作重点。哪些是什么时间必须做的，哪些不太着急，等等。

再说"志"。暴老师工作用心，积极向上，不甘平庸，有志气，有志向。11月4日，学校"博文讲坛"例会上，对迎接"专家团考察指导活动"表现突出的老师进行表彰，暴老师作为获奖代表进行发言。他的发言获得在场老师的一致称赞。他说："我主要讲三点：一是感谢，二是自豪，三是行动……"整个发言短小精练，条理清楚，语言得体。"我在韶华之年来到博文。我是一粒种子，深深扎根于博文这片沃土。……我们要不忘初心，牢记建豫北一流学校的愿景，砥砺前行。"妙语连珠，如果不是在现场，恐怕绝大多数老师都不会相信这些话出自一个体育老师之口。

还有好班主任——马晓会。

众所周知，班主任工作是学校工作的中心环节，是一个班级的领导者和组织者，是每个班级大家庭的家长。无论校内校外，班主任无时无刻不在关心着每一个学生的方方面面，七年级三班班主任马晓会老师更是将这样一句话诠释得淋漓尽致。

自本学期开学以来，马老师的工作一直兢兢业业，身为年级副主任的她每天不但需要正常为同学们上课，而且还为学校、年级组的各种事情奔波忙碌。晚上九点半，在校内学生宿舍或者博文公寓时常能看到马老师的背影，她不但关心学生的学习，更是将学生的生活照顾得无微不至。她深受学生的喜欢与爱戴，不仅仅因为课讲得棒，知识储备全面，更是她的人格魅力深深打动着学生。在元旦晚会那天晚上，学生都放学回去休息了，而马老师却独自一个人留下为同学打扫教室。她说，明天早上学生还要早读，她为大家打扫好卫生，给大家一个舒心干净的学习环境，也为新一年自己的学生都有一个好心情。这样处处为学生考虑，将学生放在第一位，怎能不得到大家的喜爱呢？

1月3日晚上十点多，只见她脚步匆匆神色紧张地走到大门口，和门岗吉老师说她要出去一会儿，先别锁门了。吉老师不放心，就前去询问发生了什么，马老师这才说她们班有个学生家住泰和新城，家长回老家了，只有亲戚在这照顾他，晚上放学以后该生死活不进家门，照顾他的亲戚实在无奈，就给马老师打电话让其前去劝说。直到十一点半多马老师才回到学校，原来马老师一直陪着他的学生在家门口等学生父母从老家赶回来。马老师的行为完全超越了她作为一名老师一名班主任的职责范围，她负责敬业，心怀大爱，值得我们每一个人敬佩，更值得我们每一个人学习！

"一分耕耘，一分收获。"正是在马老师的严格管理与真情关怀下，七年级三班在多次考试中各科成绩都很优秀，相信在今后的学习生活中七年级三班在马老师的带领下会更上一层楼！

魏寨勇老师的肺腑之言是：作为老师，我们很忙，忙于备课，忙于中考研究，忙于学生管理，但我们感觉很踏实，因为我们知道自己在做一项事业，一项利万家而功千秋的事业；我们很累，除了老师的"备讲批辅考"教学"开门五事"外，我们不仅要指导学生读书、写作，还要自己读书、写作，但我们很快乐、很充实；我们很平凡，但是我们又很伟大，个人人微言轻，但我们在博文中学却很有存在感，常常被肯定，处处被赏识。在博文，有宋校长心疼我们，心疼我们的生活，心疼我们的成长。在这里我们就是主人，我们快乐着，我们成长着，我们很幸福！

正因为学校的大家长和所有家人们心心相印，把无限关怀送到了老师们的心坎上，才有了博文中学的风生水起，蒸蒸日上，如火如荼，博文中学也才会创造了濮阳市南乐县教育史上的N个第一：

1.南乐第一所被全国幸福教育联盟命名为"实验基地"的学校。

2.南乐第一所被"三新作文教学研究会"命名为"实验基地"的学校。

3.南乐第一所被全国文化作文和文化教学研究会命名为"实验基地"的学校。

4.南乐第一所被中国管理科学研究院授予"2018中国民办教育百佳学校"。

5.南乐第一所坚持开设社团课的初中学校。

6.南乐第一所打造"无声、卫生、节俭、文明"学生餐厅的学校。

7.南乐第一所参加"县长杯足球赛"并获奖的民办学校。

8.南乐第一所坚持实行"全员育人导师制"的学校。

9.南乐第一所在校园内长期活跃着一支"志愿者队伍"的学校。

10.南乐第一所长期坚持由学生主持各种大会的学校。

11.南乐第一所大量选派教师到深圳、内蒙古、重庆、南京等全国各地外出学习的学校。

12.南乐县第一所教职工不用签到签退的学校。

13.南乐第一所坚持为毕业生送"大礼包"的学校。

14.南乐第一所被县委、县政府命名为"文明单位"的民办学校。

15.南乐第一所长期坚持评选表彰"十佳百优""十大标兵"（孝心少年、节俭标兵、卫生标兵、体育标兵等），不以成绩论英雄的学校。

16.南乐第一所长期坚持将国学引进课堂，教育学生学习实践《弟子规》的学校。

17.南乐第一所长期坚持让学生给小学老师写信强化感恩教育的学校。

18.南乐第一所有党支部、团委党团机构健全的民办学校。

19.南乐第一所以校团委名义长期坚持编辑印发学校刊物（《在路上》）的初中学校。

20.南乐第一所扎扎实实开展家长教育（发放《家长教育》，开办家长学堂）的学校。

21.南乐第一所长期坚持开展教师内训、班主任内训的学校。

22.南乐第一所为教职工建立"职业生涯规划"的学校。

23.南乐第一所坚持为教职工过生日送蛋糕的学校。

24.南乐第一所长期坚持每年为教职工送幸福（杏）送平安（苹果）的学校。

25.南乐第一所坚持给教职工父母送节日礼物的学校。

26.南乐第一所学生食堂为贫困学生进行资助的学校。

27.南乐第一所为小燕子建设精美卫生间，实现人与自然和谐相处的学校。

28.南乐第一所把太极引进体育课堂的学校。

……

第三章　主阵地上见真章

第一节　得课堂者得天下

教学是一所学校的重心之所在，而在教学工作中，高效课堂又是重中之重。那么，如何才能打造高效课堂，更好地完成教学目标呢？

在我校语文教学中，我们采用的是"大循环，小调整，一人主备，全员集备"的备课模式。通过近几年的实践，我们发现这是一种省时省力又高效的备课方法，不但促进了教师教学能力的提升，也很好地实现了教育教学目标。具体情况如下：

第一阶段，开学之前。

大教研组集体备课。在新学期开始之前，教研组会把本学科的老师组织起来，共同研读初中阶段教材，课程标准以及学生学情，教育动态等，让老师们对整个初中阶段的课程设置和教材内容有个清晰的了解，利于老师从全局的高度把握本学科不同年级段的教学侧重点，为年级备课组分配备课任务打下基础。

备课小组集体备课。各年级备课组长先带领本年级老师共同研读自己年级所用教材，研究出教学重难点，再分配每位老师的备课任务，最后大家再依据学校的"学期工作计划表"，制订出本年级组的教学进度计划，让每位老师对新学期工作内容和时间安排做到心中有数，提前做好准备工作。

教师个人自主备课。教师领取了自己的备课任务以后，会充分利用"课程标准"、教师用书及教育网站等对自己所备课文，作文，综合性主题活动，名著导读等做出精心的教学安排，并会查找设计相关练习、阅读素材等，初步设计成电子导学案和课件，方便开学后同事们的集体讨论和修改。

第二阶段，开学之后。

新学期开始后，老师们依据教学计划，有序开展各种教学活动。在每天的集体备课时间里，先由负责主备本课的老师展示设计好的导学案和课件等，讲述设计思路，然后大家各抒己见，共同讨论，最后由主备人集思广益，对导学案和课件做最后的修改，大家共同分享使用。

第三阶段，学期结束。

学期结束后，备课组长组织教师对本学期所用导学案、课件、练习、阅读素材等分类整理、打包，以"大礼包"的形式赠送给下个年级组，方便他们参考使用。

一个个礼包中都饱含着每位老师的心血，一份份课件里都凝聚着每位老师的智慧，这些珍贵的"大礼包"不但保证了我校教学成绩的稳步提升，而且使全校不同年级的老师紧密地团结在一起。相信随着时光的流逝，这一份份不断传承的"大礼包"将会历久弥新，愈发珍贵，成为我们共同的财富！

这是李志蕊老师向我们介绍的备课大礼包，从这份大礼包中不难看出博文中学教师在备课上下的细功夫，这是课堂教学的一个重要环节，是提高课堂教学效益的前提和基础。

课堂教学是学校教育教学的主阵地。博文中学始终重视课堂建设，向课堂要效益、抓质量、严管理，做到了"规范化、精细化、人性化"。学校抓好课堂教学流程的精细化管理。教务处每月进行一次教师备课记录、听课记录、作业批改等教学常规工作的检查，及时反馈信息。全校教师追求课堂教学有效性。坚持"四个有效"，即"实施有效备课""坚持有效教学""保证有效作业""进行有效辅导"。为了加强巡课管理，学校密切关注各教师执行常规及各班课堂教学情况，发现问题，及时反馈，有效解决。

课堂建设离不开教师成长，学校以推动教师发展为根本点，以课程目标、课程开发、课程实施、课程评价能力为着力点，提升教师的课程意识，培养教师的课程智慧。以改进课堂教学、提高教学能力为出发点，整合培训资源，优化培训内容，创新培训模式，增强培训实效，提高教师课堂执教能力。完善教学能手评价机制，组织开展"优课"评选、"赛课""晒课""同课异构"活动，着力打造高效课堂，培育教学改革典型，推广推介名优课堂，推广先进经验。引导教师根据学校办学理念和发展规划，结合自身实际，确定"个人专业发展五年规划"和年度实施计划。大力开展教师研说教材基本功、驾驭课堂基本功、说听评课基本功、板书设计基本功、编写教案基本功、教学研究基本功、普通话基本功、信息技术基本功、三字一画基本功、写作基本功等达标系列活动，努力提高教师执教能力。深化教师全员读书工程，建立学习型组织。立足学校实际，加强校本研训和远程研修等，切实提高校本研训的实效性。引导教师结合教育教学实际发现和提炼问题，针对教学问题积极开展小微课题研究，切实解决教学实践中的重点、难点和热点问题。提倡合作研究，积极撰写教学札记、案例、论文、论著等。分层次开展各种课堂教学展示活动，切实提高课堂教学效益。开展丰富多彩的教学评比活动，提高教师的教学水平。建立骨干教师、卓越教师目标培养体系，加强名优师和青年教师管理，组织好名师工作室和学科工作室活动，发挥名优师、骨干教师的模范带头作用，开展青年教师专业技能培训活动，促进青年教师专业成长。加强教师互联网信息技术技能培训，做到熟练使用信息技术设备，实施"互联网+教育"行动，深入开展"一师一优课、一课一名师"活动，加快推进"网络学习空间人人通"，提高教师信息素养，普及信息化教学常态应用。

学校还坚持"每日一课"听评课制度，在落实好常规听评课要求的基础上，学校启动了"幸福杯"高效课堂教学展示活动，重点关注教师的教态、语言、表情及学生的参与度、课堂气氛等。课堂上，师生在幸福上是相互"感染"的，幸福作为一种内在体验，是"独享"的，但通过外部表情，幸福又可以与他人"分享"。当教师的内部体验外化为表情时，教师的幸福就变成了一种可被观察的对象，学生通过识别教师的表情，在自己内心激起同构的心理体验，这种体验又外化为学生的表情。教师通过学生表情的反馈强化了自己的幸福体验，学生的幸福感也因此渐次强烈，这就是博文的幸福高效课堂。

让我们通过老师们的具体案例来详细了解一下。

案例一：

因材施教这样做

郭利平

长期以来我们都以学业成绩为中心，导致课程结构过于单调，内容过于局限，教学模式过于统一，评价方式过于僵化，孩子的个性得不到充分的发展。遵循教育教学规律，正确处理面向全体学生与因材施教课堂教学既体现了教师的素质，也体现了教师的智慧，如何因材施教，优化课堂教学的效果，这是新课程改革背景下每一位教师都必须思考的现实问题，下面我就化学教学中自己的做法介绍如下：

1.我们班有些学生总体成绩不理想，但动手能力比较强，如和寒博、郭金康、张子博等。针对这一点，在学习第一章第二节实验室之旅时，我首先让同学们自主阅读课本，然后让他们边讲解边给大家做演示实验，后来还任命他们为实验小组的组长，以此来调动他们学习化学的积极性。

2.有些学生理解力可以但不爱表达，如赵鑫诚、张亚朋。于是我特意安排他们去帮扶理科较差的女生，每天给女生讲解一道题，这样既锻炼了孩子的表达能力，沟通交流能力，也能让孩子们在相互帮助中找到自我存在感和成就感，有利于培养孩子的自信心和主人翁意识。

3.针对学生薄弱处的问题，比如在第八章酸碱盐的学习时，有些孩子对金属与盐溶液的反应，氢氧化钠变质，粗盐提纯等地方拐不过弯。针对该问题，我首先进行理论讲课，然后让不会的同学给我讲解，从而找出没有做出的原因，再搜集中考同类型题目进行专题专人训练。同时让对这些题型把握较好的同学进行批改和讲解。

4. 为了更好地促进学生各自能力的展现，在布置作业时，我选用了作业超市的方法。1～15名做全部，16～25名作业的百分之九十五，26～35名作业的百分之九十，36～45名作业的百分之八十五，46～55名作业的百分之八十，56～60名作业的百分之七十。既可以让学生在规定时间内全部完成任务，还能让每个学生都有成就感。

学生学习兴趣的多少不仅跟平时的学习习惯、基础知识掌握有关，更重要的是跟孩子们的内驱力有关。我的女儿在小学时成绩一般，进入初中后，对学习对未来有了一定的要求，成绩有所上升，考入高中后，老师们引导更多的是哪个大学里的环境美，历史悠久，哪个大学排名靠前，哪个学生因进入哪个学校毕业有了更好的发展……总之调动了女儿对学习的更高兴趣，有了更大的争胜心。于是在借鉴的基础上，我开始给我们班学生讲解各校的情况，举例说说哪个同学的发展，贾来旺同学给自己重新定位由要走分配生改为正取生……

每个孩子都有各自的特点，都有各种不同的兴趣爱好。正如一把钥匙只能开一把锁，只有合适孩子的，才是有效有用的。

学校实施青蓝工程，实现新老教师传帮带。学校制订了《青年教师三年发展规划》，召开了"青蓝帮扶"结对会议，举行了结对仪式，实施了青年教师"十个一"工程，开展了青年教师基本功达标活动和课堂教学展示活动。同时让学科带头人、骨干教师上示范课，指导青年教师备课、管理学生、与家长交流等活动，把青年教师扶上路、送一程，促使青年教师尽快成长。学校积极为青年教师搭建专业发展平台，让每位青年教师制订出具体且切合个人实际的专业发展规划，理清思路，确立发展目标。学校也研究制定通用基本功和学科基本功达标内容项目及其考核措施，进行过关考核。通过读书工程、导师制（学科骨干教师与青年教师结对子）、教学反思（规定撰写数量）等措施促其专业发展。学校给青年教师提供学习、展示的机会，让青年教师尽快向学习型、研究型、教学个性化发展。现在，学校已经拥有一大批出色的青年教师，成为博文的骨干力量。

朱瑞玲就是其中的一位，她潜心研究教学，虚心向老教师请教，很快成为一名优秀的青年教师。

案例二：

如何培养学生的成就感

朱瑞玲

成就感是指人通过努力对所做的事情感到愉快或成功的体验。只要拥有成就感，就会对所做的事情产生持久的兴趣。有了持久的兴趣，也就有了源源不断的学习动力，动力又促进学生不断努力，获得更高的成就感，从而形成一个良性循环过程，从而带来最终的成功。

首先以鼓励表扬为主。在课堂上，先引出学生最感兴趣的问题，让同学们自己动手操作或经过小组讨论，再利用自己的语言大声说出得到的结论，老师给出激励性的语言和高度的评价，从而使学生认为我自己很棒，这样就有了成就感。

比如1+1=3本身他的答案是错误的，但如果你说孩子你的答案与正确的答案只差一，再努力一点点，那么你就答对了。这样学生会更努力，一直达到自己的目的。自然就有了成就感。

再次引导和帮助学生在学习上获得成功。学习差的同学在学习上很少成功得不到学习的甜头。如果我们能够帮助他们取得一点成绩，并给予及时的鼓励和表扬，使他们尝到学习的甜头，找到成就感，这就有可能成为他们学习的转折点。

最后给学生提出自己的目标，这个目标必须根据他的实际情况而定。进步多少个名次或者进步多少分，这样一点一点进步，且老师在他的背后做坚强的后盾不断支持他、鼓励他。他的目标也会一点点地实现，从而获得成就感。

为了把教学工作落到实处，每天有领导、政教处职员值班，实现管理全天候全覆盖。通过全体教师的共同努力，教学工作取得了全面丰收，市教育局组织的教学质量抽测中该校各年级成绩均居全县前列。

学校鼓励教师开展小课题研究，使教师更加关注教学细节，切实解决了教育教学遇到的实际问题，提高教学效益。陶肖英、宋志霞是其中的代表。

案例三：

如何发散学生的数学思维

陶肖英

发散性思维是数学教学过程中一种常用思维方式，它和其他的学科不同，老师扮演的角色也不同，老师的如何引导、质疑、探究都直接带动了学生在数学教学过程中的思考，对这些环节进行训练与培养，既可以培养学生的思维，又能提高教学质量。我想应该从以下几个方面入手：

1.演绎版本，帮助思维

在数学课堂教学过程中要通过一些实际演绎来充分带动学生的思维让学生通过演绎练习，总结概括寻求问题的答案。让学生在参与的过程中，掌握解题方法，培养学生灵活多变的解题思路，更好地训练孩子的思维能力。

2.激发兴趣，拓展思维

兴趣能够调动学生的思维，在课堂教学中，我们应该适当地选择学生感兴趣的教学方法，激发学生对数学产生浓厚的兴趣，使他们乐意学，教师正确的引导和鼓励，能有效地培养学生学习兴趣，并能让学生在课堂激情高涨，学生的思维能力能得到很大限度的提升，所以以"兴趣"助长思维也是一种有效的方法。

3.变式训练，发散思维

变式教学通过一个问题引出多个问题，选择有探索价值的问题进行变换条件或条件类比等多角度深层次的连环变化，激起学生思维的欲望。这样对问题举一反三，触类旁通的训练，从而有效地提高解题的能力和学生对问题的探索精神，培养创新意识有助于发散思维。

4.转换角度，训练思维

在数学教学过程中，我们已习惯了定向思维，也就是正向思维。如果我们从要求的问题出发，根据要求的问题找到我们所需的条件，这样就培养了学生的逆向思维。这样的训练能使学生形成具有多角度多方位的思维方法与能力。

老师在教学中要多表扬，少批评，让学生建立自信，同时鼓励学生求新。精心设计多样化的习题，引发孩子多方面、多角度、多方法地解决问题，学生体会到成功后的快乐，从而促进解题思维的发散！

案例四：

如何培养学生的语文核心素养

宋志霞

《初中语文课程标准》中提到：九年义务教育语文课程的建设，应致力于学生语文素养的提高，为学生的终身发展奠定基础。那么，应该从哪些方面来培养和提高学生的语文核心素养呢？

一、掌握必要的语文知识。中学阶段语文知识包括丰富的语言积累和熟练的语言技能。除了课标上要求的让学生掌握3 500个常用字和汉语常用书面词汇外，学生还要背诵一些优秀的课内外古诗文，共计80篇。阅读每册教材所要求所推荐的名著书籍，这是形成语文素养的基础。

语文教学还要培养学生朗读、默写、口语交际、概括材料、写作等基本技能。技能到了一定程度就形成一种能力，学生能根据不同语言材料在不同的交际场合使用语言技能，最终会形成良好的语感。中考中的"积累与运用"就要求学生掌握以上必要的语文知识。

二、提高自身的审美能力。学生的审美能力主要来自阅读。阅读包括课内阅读和课外阅读，课内阅读主要是对教材课文内容的解读，对课文的内容和表达学生要有自己的心得体会，能提出自己的看法和疑问。课外阅读指课标教材以外的文学作品的欣赏，学生能有自己的情感体验，领悟作品的内涵，从中获得对自然、社会、人生的有益启示。中考的"阅读理解"是培养学生的审美能力。学生通过对一篇记叙文和一篇说明文（议论文）的阅读，能品味作品中富于表现力的语言，从而进一步提高自己的欣赏品位和审美情趣。

三、积淀深厚的文化底蕴。文化是人存在的根和魂。一个人语文素养的高低，主要取决于他对文化积淀的厚实程度。因此老师教学要善于调动学生的文化积累，引导学生从传统文化中汲取营养。比如教杜甫的《茅屋为秋风所破歌》可以引领学生从杜甫的家世、遭遇出发，体会诗歌所表现出的作者忧国忧民的情怀。教余光中的《乡愁》，可以引领学生收集古代思乡的诗文，借助这些诗文来体会作者余光中的家国之思。照着这个路子走下去，学生的文化底蕴就会越来越深厚，语文素养就会越来越提高。

总之，只有具备了必要的语文知识，有了较强的审美能力，积淀了深厚的文化底蕴，学生才能实现《语文课程标准》中的知识与能力、过程与方法、情感态度与价值观三个维度目标的相互渗透，语文素养才能整体提高。

教师结合自己所教学科、学生特点，选择了一个教学问题作为自己的研究对象并开展研究活动，已初见成效。

在高效课堂建设过程中，博文中学探索的"多维对话"模式得到了上级领导的高度评价，专门来学校进行调研。工作中，他们还结合高效课堂的特点，进一步深化了"多维对话"教学模式，从关注学生的现实生活入手，拓宽课程资源，联系生活，构建生活，使教学过程成为师生交往、共同发展的互动过程。

第二节　班级管理有妙招

苏霍姆林斯基曾经说过："无论是种植花草树木，还是悬挂图片标语，或是利用墙报，我们都将从审美的高度深入规划，以便挖掘其潜移默化的育人功能，并最终连学校的墙壁也在说话。"

班级是学校的基本单位，是学生学习、生活、交际的主要场所，是老师授业、育人的阵地，是师生情感交流的地方。班级是师生生命活动和生存发展的重要时空，确立学生活动、情感、审美、创新为主线的新理念，唤起教学的生命意识和质量意识，实现学生个性发展和社会化过程的统一。健康科学的班级管理有利于师生共同实现教育美好的理想，有利于师生在这个平台上进行交流互动，彰显教学智慧、内化教学内容、体验课堂生活的快乐与幸福，真正促进学生个性发展和提高适应现代生活的各种基本素质。

博文中学的班主任们在班级管理方面，进行了大胆而有益的探索。

马冉冉就是其中的一位，她讲述了自己的班级管理体验：多年以后，孩子们也许会忘记课堂上老师讲授的知识，但一定不会忘记那一次上课前的激情演讲，不会忘记那田野上的清风细雨，不会忘记那一次生日的怦然心动，不会忘记你的一点一滴的小小关怀……

马冉冉老师做班主任以来喜欢做的一件事是，每学期都有两封"致家长的一封信"，在学期前的一封信中，马老师跟家长们交代好自己的带班理念是什么，要达到的班级效果是什么，需要家长们配合做什么，都会交代清楚，家长一看老师班级工作安排得这么细致，一切以学生为本，自然全心全意地配合工作。学期末的一封信，马老师跟家长们沟通感情：风风雨雨一年了，有泪水有欢笑，我们和孩子们有得也有失，未来的日子里，为了孩子的前程未来，还需要家人们一起努力等等。每当这个时候，马冉冉感到自己是幸福的，因为，自己和家长一起见证了孩子们的成长。

马冉冉始终坚持一个原则，那就是"一个不能少"。刚接手一个新班级，各种各样的学生都有。马冉冉遇到了一个"恋家宝"，而且性格还很内向，他从不主动和别人交流，每天到晚上就哭着要回家。身为班主任，马老师为了他开始到处"奔走"，先找到各科老师说明这个特殊的孩子的情况，要求他们给予"特殊的"照顾，还把这个孩子的座位放到班级最前面，在老师的关注下他渐渐地发生了变化。从开始一天要回家一次，逐渐变为一个星期回家一次，到最后，成了班里的副班长。用孩子妈妈的话说：这真是惊人的变化。孩子有三个姐姐，从小到大他过惯了"饭来张口，衣来伸手"的日子，所以才导致他恋家，说到这里他的妈妈对马冉冉老师感激不尽。

苏志杰老师则发起了博文中学班级PK活动。首先，明确活动目的：为了提高学生的竞争意识，让学生在德智体美劳等方面都能得到发展，同时也为了增强学生的团结竞争意识。

同时公布了活动表彰形式：班与班之间在课堂和宿舍纪律，卫生及班级成绩等方面展开PK，月底汇总并为获胜班级发放奖金，各班用获得的奖金进行班内表彰以此来激励学生。为了保障活动效果，苏志杰老师甚至自掏腰包，学校也安排了专用经费作为一学期的活动资金。

苏志杰老师还制定了具体的积分细则：

1.纪律

课堂和自习纪律，以值班老师查课堂、学生会查课前及课间操为参考依据。如课堂或自习期间睡觉一人次扣5分，其他情况酌情扣2～5分。班级上课状态优秀奖班级5分。

2.卫生

年级学生会查教室和卫生区卫生，根据情况酌情扣1～2分，卫生干净整洁奖励班级3分。

3.迟到

（1）早操：5：48之后视为迟到，一人次扣1分；

（2）午休起床后：2：25之后视为迟到，一人次扣1分。

4.班级有好人好事，视情况一人次奖励班级2～5分。

具体的参评方案如下：

1.各项积分量化所占比例：文明班级占25%，文明宿舍占15%，成绩总占50%（前15名占20%，前35名占15%，全评占15%），学生会检查占10%。

2.若PK班级都没有文明班级，名次靠前的占15%，名次靠后的占10%，都没有文明宿舍平均分配各占7.5%。

3.若PK班级都获得文明宿舍，文明宿舍所占比例的15%×本班获得文明宿舍个数/两个班获得文明宿舍总个数。

王丽英老师通过自己不断地学习摸索，总结了一套班级管理的方法——"班级文化建设"和"小组合作+民主自治"的管理模式，不但调动了学生的积极性，让学生成为班级管理的主体，而且解放了班主任，在最大程度上发挥了学生能动性。通过两年的实践，2020年中考，王丽英老师所带班级取得了优异的成绩：张晓乐同学荣获全县中考状元，张亚宁同学获得全县第八名。班级600分以上12人，全班53人，52人被南乐一高录取。

让我们详细了解一下王老师班级管理的"金点子"：

一、班级建设

（一）班风建设

1.班主任正确的作风+学生正确的作风=良好的班风。

2.班风是文化发挥作用的精神表现。班风反映着班级文化的优劣程度。

3.班风的作用：对每一个班级成员均起到熏陶作用。

4.班风建设的方式：对班集体成员行为作风进行搜集、提炼、加工、集体认同。

（二）学风建设

1.学风是指学生在班级学习过程中所表现出来的精神风貌。

2.学风对每一个学生起到耳濡目染的作用。

3.学风对学习成绩的贡献很大。

4.学风重点要考虑的内容是：思想、状态、行为。

5.学风建设的方式：每一个学生充分发挥意见，搜集、提炼、加工，最后达到集体认同。

（三）班风建设模板

1.班级宗旨

（1）七年级

积极向善　互帮互助（思想）

养好习惯　学习进步（学习）

（2）八年级

互帮互助　积极向善（思想）

均衡发展　学习进步（学习）

（3）九年级

互帮互助　积极向善（思想）

竭尽全力　冲刺中考（学习）

2.方针政策

（1）七年级（十六字方针）

竭尽全力　自我管理

高效课堂　优异成绩

（2）八年级（二十四字方针）

激情教育　精细管理　高效课堂

自我管理　均衡发展　优异成绩

（3）九年级（十六字方针）

激情教育　精细管理

高效课堂　优异成绩

3.经营方法

（1）三年规划

七年级：养习惯　讲方法

八年级：缩差距　提成绩

九年级：拼全力　迎中考

（2）有原则

①"君逸臣忙"原则

在核心素养的要求下，为了更好地培养全面发展的学生，所以要让学生动起来，把舞台空间交给学生，让学生忙起来，这样教师就有了一定的时间和空间，达到了"君逸臣忙"的效果。

②以"学生为主，教师为辅"原则（"631"原则）

"631"原则：60%的任务由小组合作完成，30%的任务由学生自己完成，10%的任务由小组合作，学生个人都难以完成，由教师辅助完成。以相信学生为最美师德，以利用学生为最大智慧，以发展学生为最终目的。

③"一执行一监督"原则

在班级管理中，为了更好地完成各项任务，在执行中有监督，在监督下督促执行力。如：班级卫生的管理，各种物品的摆放等。

④"反思"原则

一天的学习结束以后，学生躺在床上，睡前三问："我来博文（学校）干什么？""我要做一个什么样的人？""我今天做得怎么样？"

二、班级文化

（一）如何建设班级文化

1.班级文化的内容：班级基本的规章制度——个人行为规则、小组公约、班级公约。

2.班级文化建设的重点：班级内部各种规章制度的建立。

3.班级文化是如何形成的：在班级问题的处理方式（议事会）和处理过程中形成的。

4.班级建设文化的难点：落实规章制度。

（二）建设班级文化的注意事项

1.理解文化的含义：文化就是根植于内心的修养，无须提醒的自觉，以约束为前提的自由，为别人着想的善良。所以必须使文化中规律、规则的内容深入内心。

2.文化的作用：基础性作用、持久性作用。

3.文化的表现：理念、思想、规章、制度、风气、格言、训导词、精神。

4.学校里最重要的文化是：办学理念。在理念的引导下出现的规章制度。

5.学校里起基础性作用的文化是班级管理文化。班级管理的根在学校文化，当班级管理和校园文化融为一体时，管理才有了鲜活的生命力。

（三）班级文化模板

班级文化包括：班名；班歌；班级格言；班级口号；班级文化角；班级墙体文化；班级物品摆放要求；班级花草摆放；个人行为规则、小组公约、班级公约。

三、"小组合作+民主自治"的管理模式

（一）小组的编制

方法一：班主任按照月考、期中、期末考试三次中的一次成绩，或者是多次的平均分排名，根据班级人数划分成4人或6人组。前一至十几名为组长，其余学生按S形划分。例如，如果班里有60名学生，4人一组，则1至15名为组长，其余45名按S形分布。

方法二：通过自荐或者组长竞聘演讲的方式产生。

首先是班主任按1：1.5的比例推荐组长候选人（如果需要

15个组长，则需要有23个竞选人）。

其次，学生按综合表现分为上中下三列。

最后采取组长从上中下选择组员。队员有选择组队长的双向选择制来组建小组。

方法三：班主任按照月考、期中、期末考试三次中的一次成绩，或者是多次的平均分排名，根据班级人数划分为4人或6人一组，前一至十几名为组长，如果班里有62名学生，4人一组，则1～15名为组长，其余47名分为上中下三列，最后组长从上中下选择队员。队员也有选择组长的双向选择机制来组建小组。

（二）班级公约

班级公约是班级全体成员的基本行为准则，也是班主任管理班级思想、理念的具体体现。由班主任提议，由各个学队提供意见、由班管会讨论定稿，最后由班级全体成员大会讨论通过的班级管理法律文件。

1.制定规则、公约的基本原则

（1）不能与国家、政府的法律、法规相抵触。

（2）尊重学生人格尊严。

（3）惩戒必须适度，且符合学生年龄特点。

（4）所有内容必须经过学生思考、认同、签字方能实施。

（5）动态实施、循序渐进治疗。

（6）广泛参与，共同治理。

2.班级公约制定注意事项

（1）《班级公约》全班成员集体讨论定稿。

（2）公约的内容班主任要进行审核。

（3）公约内容不贪多，只求"精、准、效"。

（4）公约每月制定5条，每月坚守5条。

（5）下一个月，再制作5条，原来制定的规矩依然生效。

（6）违反公约怎么办，是最重要的内容。

（7）将制定好的公约，由班主任手抄三份：一份学校保存；一份班主任使用；一份学生团队集体学习、温习使用。

（8）所有公约规矩都要所有学生成员签字、班主任签字。

（9）这些公约规矩班主任可以打印出来，让学生签字后，作为班级、学队文化的一部分。

3.班级公约模板

×××班级公约

班名：×××　　　班呼：×××

××班班级公约：

为了确保每一位同学健康快乐成长，为了提高每一位学生的自我管理能力，为了增强班级的凝聚力、向心力、战斗力，为了打造博文学校最优秀班级，特制定如下班级公约，我们承诺一定认真遵照执行。

一、课堂

1.上课不乱说话，乱说话一次扣2分。

2.上课不准捣乱，捣乱一次扣3分。

3.不抄作业，抄作业一次扣5分。

4.上课不准睡觉，睡觉扣2分。

5.尊重老师，不许顶撞老师，违者一人次扣除10分。

二、课间

1.不准在教室里高声喧哗，高声喧哗扣2分。

2.不聚堆闲聊，闲聊每人扣2分。

3.课间不追逐打闹，追逐打闹每人扣5分。

4.不擅自到前院买东西,擅自买东西者扣5分。

三、寝室

1.起床后8分钟离开宿舍到楼下洗漱,拖拉者扣1分。

2.值日生上课不到教室扣1分。

3.归寝后5分钟不熄灯扣每人1分。

4.就寝时间说话,每一人次扣1分,严重者扣5分。

四、就餐

1.就餐无故迟到扣1分。

2.就餐时浪费饭菜扣1分。

3.就餐时说话扣1分。

五、站队

1.站队拖拉者扣1分。

2.站队说话扣1分。

六、卫生

1.不按时打扫小组扣1分。

2.留死角扣打扫小组2分。

备注:

1.违纪后处罚办法雷同时,由班委会临时研究决定。

2.个人行为规则和小组公约上没有出现的现象,现场开会解决。

扣分处罚:

1.每天小结,每天得分,每天排名。好的分享经验,差的定出整改措施。

2.每大周总结,评出前三名小组和倒一小组,进行奖励和处罚。

全班同学签字。

（三）小组公约

小组公约是依据小组成员的共同成长目标和发展利益，为了促进全体成员共同成长和进步而制定的共同行为准则，是学队建设的法典，由集体民主讨论制定。必须在成员签字认可后方能生效。

1.小组公约制定注意事项

（1）《小组公约》由组成员集体讨论定稿。

（2）公约的内容班主任要进行审核。

（3）公约内容不贪多，只求"精、准、效"。

（4）公约每月制定5条，每月坚守5条。

（5）下一个月，再制作5条，原来制定的规矩依然生效。

（6）违反公约怎么办，是最重要的内容。

（7）将制定好的公约，由学生代表手抄两份：一份班主任使用；一份学生团队集体学习、温习使用。

（8）所有公约规矩都要所有学生成员签字、班主任签字。

（9）这些公约规矩班主任可以打印出来，让学生签字后，作为班级、小组文化的一部分。

2.确立小组集体自治目标

（1）最低目标：管住小组全体成员。

（2）追求目标：管好小组全体成员。

（3）最低习惯性目标：管住天天的全体成员。

（4）追求习惯性目标：管好天天的全体成员。

【个人与集体】把个人的言行、举止、表现、成绩与集体挂钩，为集体赢得荣誉光荣。

3.模板

×××小组公约

组名：×××　　组呼：×××

组长：×××　　组员：×××，×××，×××，×××
（签名）

小组公约内容：

1.上课必须认真听讲，不迟到，不说话，不搞小动作。

违反处罚：写1单元单词三遍，并抄写老师指定文言文两遍。

2.宿舍内不喧哗，不串宿舍，按时睡觉。

违反规定者：一个单元单词一遍。

3.课间不追逐打闹。

违反规定者：抄一篇文言文两遍。

4.洗漱时要做到快、静，不浪费水。

违反规定者：打扫教室卫生两次。

5.在校穿校服，不说脏话，不乱扔垃圾，不打架。

违反规定者：站反思角反思两个课间，并抄写1单元单词三遍。

6.就餐时做到：无声，卫生，节俭，文明。

违反规定者：一篇文言文两遍。

7.服从组长安排，且与本组学员搞好团结，不闹矛盾。

违反规定者：向组长或组员道歉，并写原谅书。

组员：×××，×××，×××，×××（签名）

班主任：×××（签名）

家长：×××（签名）

（四）个人公约

个人行为规则是实现个人自治的法律依据，且与学生个人的实际情况密不可分，个人的健康成长需要个人行为规则来保障。

1.制定个人行为规则的内容和方法

（1）行为现象描述（即个人行为）；

（2）行为性质分析（即个人对集体或自己以及他人造成的影响或危害）；

（3）行为趋势裁定（即个人对违反的行为所采取的措施）；

（4）行为责任担当（即个人对自己的行为应承担的责任或应受到的处罚）；

（5）个人行为规则制定范畴分为：

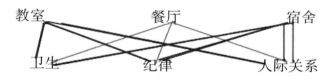

图3-1 个人规划制定范畴

2.确立个人自治目标

（1）最低目标：管住自己。

（2）追求目标：管好自己。

（3）最低习惯性目标：管住天天的自己。

（4）追求习惯性目标：管好天天的自己。

3.个人公约制定注意事项

（1）依据国家法律法规，根据个人情况制定，班主任审核。

（2）规则不贪多，只求精、准、效。

（3）每月制定5条，每月坚守5条，按规则严格要求自己。

（4）下月再制定5条，原制定5条依然生效。

（5）自己违反公约应该怎么办，是最重要的内容。

（6）要求学生把制定的个人公约手抄两份，一份交班主任，一份本人温习保留。

（7）个人公约须由本人签字，组长签字，家长签字，班主任签字。

个人公约可打印出来，成为小组和班级文化的一部分。

个人公约（模板）

××班 ××队：×××

1.上课认真听讲，严格遵守课堂纪律，不交头接耳，不说废话。

违反规定者：下课反思1～2个课间，并罚写本节课的知识点。

2.课间在教室不推挤，不打闹。

违反规定者：帮本组同学打水一天，情节严重者承担一切责任。

3.上下楼梯靠右行，不跨阶上下楼梯，不拥挤，不打闹。

违反规定者：罚背弟子规。

4.严格遵守餐厅纪律，做到无声、卫生、节俭、文明。

违反规定者：打扫餐桌一天。

5.遵守宿舍纪律，按时休息，不换床，不晃床，不说话，不发出任何噪音。

违反规定者：所学单元英文单词5英5汉。

6.站队要做到快静齐，课间上厕所，要做到两人成行，三人成列。

违反规定者：为大家服务，擦黑板一天。

7.上课不能犯困。

违反规定者：一篇文言文抄两遍。

8.午休不能做任何事情，只能躺在床上睡觉。

违反规定者：抄1单元单词一遍。

9.桌斗桌面保持整洁。

违反规定者：学习学生规则且背会违反规定条例规定内容。

10.上课坐姿端正，不准扭头向外看。

违反处罚：抄一篇文言文两遍。

个人签字：　　　组长签字：

家长签字：　　　班主任签字：

四、班级委员会

（一）有关班级办公会内容

1.定期召开班级办公会。

（1）学生开学返校时的周会（依据我校情况每大周召开一次或每小周召开一次）。

（2）时间：30分钟。

2.参加人员：班委会成员（班级管理委员会）。

3.地点：班级。

4.内容：讨论制订班级一周工作计划；

讨论确立班级工作重点、难点；

讨论决定重要事情。

时间：学生开学报到指定时间，半个小时。

5.注意事项：要有文字记录。

6.准备工作：

（1）班主任对上周的评比结果做好总结。

（2）提前做好下周的班级工作计划。

7.流程：

第一步：班主任针对上周各学队情况做总结。

第二步：各组长对本组的情况做自我反思（有自我批评也有表扬）。

第三步：各组长要对本周的管理工作表决心。

第四步：班委会讨论并解决工作中遇到的难题。

第五步：班主任安排下周的工作并提出希望。

（二）模板

上周检测结果（班评第五名）：

1.第一组总扣分6分，分别在教室、宿舍的卫生上。

2.第二组总扣分7分，分别在宿舍、餐厅的纪律上。

3.第三组做好事给班级加上3分。

4.第四组、第六组非常自律。

5.第五组总扣分8分，因为餐厅打饭时有同学插队。

下周要进行两项比赛：广播操和作文。

五、班级例会（班级周会）

（一）如何召开班级例会

1.内容：班主任评价各学组评比情况；组长召开组例会。

2.功能：给学生思想洗澡、让灵魂净化。

3.方法：班主任讲评各小组竞赛情况，时间5分钟。

4.注意事项：

（1）每天定时召开。

（2）初期要培训组长如何开会，学生如何发言。

（二）召开班级例会流程

第一步：班主任公布昨天班级评比结果。

第二步：请表现好的组长上台分享经验。

第三步：请扣班级分的组长上台表态。

第四步：班主任进行总结发言，并对今天提出要求。

第五步：一起呼喊班级口号。

第六步：宣布各组分别召开组例会。

模板：

1.班主任公布昨天检查结果

（1）第一组扣分2分，××的座位有垃圾。

（2）第二组扣分4分，××和××在语文课上不认真听讲，××在宿舍午休说话。

（3）第三学组、第四组、第五组非常自律。

（4）第六组××和××主动帮老师打扫办公室给班级加上3分。

2.优秀小组长经验分享

经验分享模板：

（1）我们组能获得优秀小组是我们大家共同努力的结果，感谢我们的组员。

（2）昨天我们在××方面做得非常好，尤其是组员×××，×××，×××。

（3）做得好的原因（团结协作，自我管理，互帮互助等）。

3.扣分组长表态

模板：

（1）致歉

由于我们组拖了班级的后腿，扣了班级的分数，作为组长向大家致歉。

（2）昨天我们在××方面做得很不好，尤其是在×××方面被扣分。

（3）做得不好的原因（从自我管理、团队协作等方面说起）。

（4）表态。

4.班主任总结

模板：

在昨天的评比中，我们有好的做法和成功的经验，也有不足之处，下面我简单地说一下

（1）好的做法有：a，b，c……

（2）成功的经验有：a，b，c……

（3）不足之处，后进的小组，由于××原因扣了班级及小组的分数，希望其他小组引以为戒。

（4）为学生加油：希望我们大家团结协作，齐心协力，自查，自纠，为我们班级争光，为我们小组争光，加油！

（5）一起呼喊班级口号。

（6）各小组分别召开学队例会。

六、班级小组例会

（一）提出小组要求

1.内容：根据刚才班级例会的思想，组长召开小组例会。

2.例会功能：给每一个组员进行思想净化。

3.方法：总结昨天的评比结果，对今天提出要求，要求每一个小组成员做批评与自我批评，要有反思。

4.注意事项：班级例会之后召开（10分钟）。

（二）模板

1.组长发言：

（1）做得好的方面（也要表扬做得好的队友）。

（2）做得不好的方面。

2.被扣分学生发言表态。

3.学队长总结。

4.一起呼喊班级口号。

以上这些班级管理的妙招简单易学，成为博文中学班主任的好助手，从而让大家从繁重的班主任工作中解放出来。这也是博文中学"规范化、精细化、人性化"管理理念的集中体现。

正是有这样的班主任，有这样的班级管理妙招，才涌现出了一大批优秀学子。

2020年全县中考状元张佳乐同学不无骄傲地告诉大家：

2017年小升初，经过仔细斟酌，我最终选择了博文，9月1日，第一次踏入博文的校门，迎接我的是从小学到初中无法预知的未来，无法预知的挑战。在那一年，我遇见了我一生中最敬重的班主任——王丽英老师。由于不熟悉的课程，不相识的老师，不相识的同学，从小学到初中的这一年，我遇见了无数的挑战，遇到了无数的挫折。想过退缩却要坚持到底，想过哭泣却要笑看人生。我在初一崭露头角，为初二打下了坚实的基础。

初二那一年我遇见了另外一名班主任——常振华校长，直至现在我都怀念老师给我们买的柚子的清香、西瓜的甘甜。但同时我也遇到了与初一不同的课程，忽高忽低的成绩，让我很迷茫，很困惑，心情一落千丈。感谢我的地理老师李艳霞多次找我谈心，在她的帮助下，我找回了最初的坚守。

对于大多数同学来说，初三是苦的，是累的。我的班主任在班里贴满了各种各样的豪言壮语。如：不苦不累，初三无味；不拼不搏，初三白活；努力到无能为力，拼搏到感动自己；乾坤未定，你我皆是黑马。我们常常会为作业抓耳挠腮，也曾为成绩的波动落泪，抵制过老师的严格，抵制过作业的繁多，我们很早起床，很晚休息，在题海中遨游，在书山中攀登。最强的师资，最好的服务全部都留给了在初三奋战的我们。没有人放弃，因为所有人都知道有了初三就相当于有了青春，有了青春就相当于有了未来。

全县中考第八名的张亚宁也表达了对班主任管理工作的肯定，她说：

我的班主任是一名英语老师，平时她对我们很严厉。老师注重对我们的精细化管理，小到粉笔摆放的位置以及各种扫帚应怎么放？放在哪里？都进行了规划。她教会了我做事要有细心，有耐心，重细节，让我们在考场上认真应试，仔细答题，牢守纪律；让我们在教室里把教室打扫得干干净净，给班级一个整洁的环境。在这条条框框的制度下，我得以走向卓越，让我不偏离成功的轨道。老师，您的严厉就像一个踏板，让我离成功更近一步。其实，在老师这看似严厉的外表下是最柔软不过的内心。老师很关心我，在每次考试之前都会对我进行心理疏导，让我不要紧张，在考试失利后都会安慰我，让我再接再厉。孤独时，她给我温暖；受挫时，她给我信心；迷途的时候，她给我导引，她的眼神是无声的话语，对我充满期待；是燃烧的火焰，给我巨大的热力；她将久久地印在我心里。我将不负众望，砥砺前行。庆幸我在这最好的年华遇见了您——王丽英老师！

第三节　反思成为好习惯

经验+反思=成长。这已经成为当今时代人们公认的国际流行的教师成长公式。如波斯纳所说："20年的教学经验也许只是一年工作的20次重复；除非——善于从经验反思中吸取教益，否则就不可能有什么改进。"

有人说，一名新教师只要从教学的第一天开始，就对自己的每一个教育教学行为进行认真的反思总结，他很快就会成为一名名师。

这个说法很有道理。

苏联教育家阿莫纳什维利也说过，从初为人师之日起，他就贪婪地汲取同事们的经验，深入研究儿童和勤奋钻研教育科学。每一堂课，每一次与自己学生的会面，他都要作为在教育事业上自我完善的过程加以精心设计。他工作细心周到，对学生富有同情心，不能容忍在自己的职业活动中有形式主义的存在余地，他大胆勇敢和信心百倍地致力于教育探索。就这样，他也在学校工作了三四十年，积累了丰富的创造性进行教育活动的经验。

这是教师成功的关键。

"许多的教育探索并不需要高精尖的仪器与设备，它只需要一颗忠诚、明敏的心，只需要我们对那些视而不见、习以为常的事物进行批判性的审视，只需要我们不断咀嚼、反复琢磨、再三玩味那些理所当然、天经地义的常规和说辞，只需要我们试图去改变那些貌似合理的历来如此、大多如此的想法与做法，哪怕是一点点。"这是北京师范大学肖川教授在其《教育的理想与信念》中对于教育反思的阐述。

博文中学非常注重教师成长过程中的反思，引导教师撰写教学反思笔记，从不同侧面、不同角度对自己的教学进行反思，促进了教师的专业成长。

让我们通过几位老师的实际案例来做一番了解。

案例一：张自肖老师善于从整体上对教学进行比较全面的反思。

教学反思是一种有益的思维和再学习活动，教师可以通过教学反思不断地丰富和完善自我。

首先，不能忽视"知识"目标。

新课程改革前是填鸭模式，而改革是为了让学生获得更多的知识。过去，我们往往在知识与能力、过程与方法、情感态度与价值观三维目标达成的过程中，把大量精力用在如何使教学形式多样、手段先进、方法灵活上，课堂上关注学生的体验与感悟，而忽略了知识目标，似乎强调基础知识就背离了课改的初衷，就不符合新课标的要求。在教学活动中，教师和学生的教学过程应该是一个再创造的过程，通过师生的活动，最大限度地充实和丰富教科书所设计的基础知识的框架，使文字知识"活"起来。

其次，教学形式多样化不能走"形式"。

为了给学生学习营造一个良好的学习环境，激发学生学习的兴趣，我们都在积极地探索多种教学形式，其目的是为了改变过去那种严格按照教学流程按部就班地进行教学的状况，我们组织了丰富多彩的教学活动，在这些活动中，学生可以投身其中直接参与教学，师生、生生之间共同合作完成教学任务。

再次，创造互动式课堂不能丢掉"秩序"和"规则"。

新课改认为：教学过程是"师生交往，共同发展"的互动过程。为了让学生动起来，让课堂活起来，我们绞尽脑汁。有些课堂确实活起来了，老师与学生平等地交流、探讨，学生大胆地发表自己的看法。有时候，学生一旦动起来，课堂秩序就没有了，学生们各说各的，似乎发表意见的同学或者小组与自己毫无关系。在这种情况下，我们就要在日常的教学中和学生一起建立起新规则，培养学生学会倾听、学会质疑、学会组织，真正地使学生在交流中不断完善自己的认识，不断产生新的想法，同时学会理解别人，尊重别人，共享他人的思维方法和思维成果。在追求课堂的民主、开放的同时，更应该拥有共同遵守的"秩序"和"规则"。

最后，确立学生主体地位不能轻视教师的作用。

"让课堂充满生命活力，让学生成为学习的主人"，已经成了我们的共识。在教学的过程中，我们大多数老师非常注意发挥学生主体的作用，尊重学生的主体地位，满足学生的主体需要，敢于发表自己的见解。"自主与探究"的学习过程中需要老师的指导、点拨和帮助。教师应该是学生的引路人，把他们从偏执引向正轨。因此，在日常的教学中，教师除了创设丰富的教学环境、激发学生的学习动机、提供便利为学生的学习服务外，更应该指导学生形成良好的学习习惯、思维方式，掌握学习策略，同时与学生分享自己的想法和情感，真正成为学生学习的向导。

课堂教学是在教师引导下学生主动参与、独立思考、自主发现和不断创新的过程，而不是简单、被动地接受教师和教材提供的现成观点与结论。对于我们而言，课堂教学是一个不断通过创新而实现自我生命价值的过程，创新精神和创新能力是教师能否形成独特教学风格的关键因素；对于学生而言，课堂教学是一个在教师引导下进行自主发现、探究和不断创新的过程。我们需要在探索中砥砺前行！

案例二：常媛媛老师结合考试对自己的教学进行反思总结。

在紧张而又愉快的学习过程中，一个月的时间眨眼而过。在本月初与城关镇中学举行了期中联考，此次联考的检测范围是第五单元的说明文、第六单元文言文中的《孟子二章》和《愚公移山》。

通过试卷分析可以看出，本次试卷重基础、重考点，难度适中，而学生的考试成绩不是很理想，经过分析，找到了其中出现的问题：1.对于开放性题目，学生缺少全面性思维，答题角度单一。2.关于文言文题的得分率没有达到预期的效果，学生面对课外文言文还是有点不知所措，不知道把学过的文言文实词的意思运用上去，从心理上就感觉自己得不到分。3.少部分同学的字体差，字数不够。4.学生的答题格式不规范，没有分点答题。

针对以上问题，采取的措施有：1.在平常上课时，培养学生的发散性思维，同一个问题多角度思考。2.上课时让学生把文言文、古诗理解透彻，抓死文言文、古诗，争取在考试时文言文、古诗题不失分。3.狠抓学生的写字习惯，写每一个字都要做到不连笔、不出线、不歪斜，把握整体效果。

学生这是第一次接触说明文，对于说明文基本知识及专业术语，学生接受的时间稍长，掌握得不是很全面，练习的题型也不是很多，这个还是需要给学生练题机会，让学生真正掌握理解说明文的方法。

学生对于文言文的学习热情不高，因为文言文需要学生记忆的知识点有很多，学生连续学习文言文的时间长，就会产生懈怠心理，所以采取的办法是下个月散文和文言文穿插着学习，这样巩固文言文知识点的时间又增多了，可以让学生更加充分地掌握文言文知识点。

总而言之，教学就是教与学，二者之间是相互联系，不可分割的。有教者就必然有学者。学生是学习的主体。因此，了解和分析学生情况，因材施教对教学成功与否至关重要。

案例三：高彦龙老师围绕作文教学进行反思。

"兴趣是最好的老师"，要消除学生对作文的恐惧，一定要提升学生的作文兴趣。为了激发学生的作文兴趣，我有以下几点认识：

第一，让学生对写作产生兴趣。

作文教学，必须遵循从说到写的原则。"说"是"写"的基础，只有"会说"，才能"会写"，所以，每次上作文课，我不会告知学生现在要写作文，以免增加学生思想负担，让学生感到压抑。我先指定一个主题，然后让学生交流、讨论，我也参与其中，并从旁指导他们如何正确用语言表达，或对学生的发言做出评价。在这样无拘无束、轻松愉快的环境中，学生们能畅所欲言，把心里话说出来。"我手写我口"，既然能说得流利，自然写能流畅。所以畅谈作文操练学生的口语表达，同时也为写作做好最为坚实的基础，提升会话兴趣同时也提升写作兴趣。

第二，以成功的喜悦激发写作兴趣。

我认为，要学生愿意并自觉地写作文，最关键的是让学生尝到成功的喜悦，从而满怀信心地去写。每个学生都希望自己的习作能得到教师的肯定，所以老师对学生的要求不能过高，以免打击了学生的写作热情。在作文教学中，我注意用鼓励性的评价坚定学生的自信心。哪怕学生写得不成功，也要给予鼓励性的评价。例如，我会特别注意发掘后进生文章中的闪光点，一个好词或好句我都会为他们圈出来，为之叫好。有时候，我还会把一些后进生的作文修改好后在班里读，以激发他们的兴趣，让他们觉得自己原来有能力把作文写好，消除恐惧心理，从"愿写"过渡到"乐写"。作文一定要有感而发，这就要求学生要善于抒发自己的真实情感。在写作时找"动情点"，要细心地感受生活的喜怒哀乐。

爱玩是孩子们的天性，用游戏的方法教孩子们写作十分有效，不仅激发了他们的想象力，还激发了他们的创造思维。所以我常将游戏融入课程中，教学生玩中写作。例如，我在作文课上和学生玩"猜一猜"的游戏，规则是一个同学看了老师写的词语后，用动作表示出来让另一个同学猜词语。比赛哪一组猜出的词语多。游戏中学生都表现得很兴奋，场面很热闹，游戏结束后，我让学生谈谈这次游戏的感受再写下来。这一次学生们的作文写得自然真实，描绘的动作、神态栩栩如生。

教师要引领学生在生活中做有心人。

叶圣陶先生说过："作文这件事离不开生活。"对学生而言，他们缺少的不是具体的生活，而是缺乏对生活的观察和自我体验。让学生感到有话可说，有情可抒。首先要让作文融入学生的生活。引导学生做生活中的有心人，使他们感受生活的充实。生活是取之不尽的源泉，只要把学生引向生活，让他们在生活的广阔天地里，以饱满的热情去体验生活，才会写出真情实感的文章来。其实，孩子们的生活内涵是很丰富的，家庭、学校中每天发生许多有趣的事情，教师应组织学生经常开展有趣的班队活动，带学生参观游览，领略大自然无限的风光；走进社会，认识社会的真善美；参加有意义的活动，让学生用心体验生活，感受生活。如开展体育比赛、文娱表演、小实验、小制作、游戏、劳动等活动，引导他们在活动中体验并关注他人在活动中的表现。只有将生活和作文联系起来，用小学生的眼光和语气把这些事情写下来，就会是一篇感情真挚的作文。学生的视野别有一片天地，我们教师应引导学生把这些看到的、听到的随时记录下来，在写作时就会有述有叙、有情可抒、有感可发了。学生只要做生活中的有心人，留心观察，用心思考，写作之源就会取之不尽，用之不竭。

如何让学生的作文言之有物？我做过一些有益的尝试。

刚开始作文的学生最大的困难就是会碰到"无话说"、"无材料可写"的困难，如果单靠老师传授抽象的写作知识，是难以提高学生的作文水平的。因此为了让学生的作文"言之有物"，我觉得应做好以下两点：

1.培养学生观察能力

老师在作文教学中应加强观察的指导，使学生养成善于观察生活，抓住事物特点的习惯，从而克服"无材料可写"的缺点。其实，学生的生活内容极为丰富多彩。在学校里，有多种多样的活动，如学习、文娱、课余兴趣等活动；在家里，有生活、外出旅游等各种形式活动。然而学生面对这么多的材料仍无从下笔，那是因为他们不留意身边的事情，缺乏体验。所以老师要注意引导学生去接触社会，接触自然，用他们的眼睛留心观察周围的一切，训练学生通过多种感官认识世界。这样学生才能捕捉素材，开发写作的源泉。例如，在教学《美丽的校园》时，我组织学生参观了学校，引导他们去发现、捕捉平时忽略的美丽。观察时，我给予学生明确的目标，仔细观察成为他们自身的需要。这样激发了学生的观察动机和写作的欲望，所以他们写出了一篇篇描写细致、富有真实感的作文。

2.注重词汇的积累

阅读是写作的基础，鲁迅先生讲过，要把作文写好，最可靠的是看课外书。但读课外书只求数量，不求质量，阅读的作用就会大大减弱。因此，阅读要注意精读，积累词汇，把文章精彩的部分记录下来，如能把平常的积累运用到写作当中，作文一定增添光彩。可见词汇的积累对写作非常重要，我们应重视：

（1）积累语文内容，重视文本知识。"重视文本"是新课标要求，而且很多课文的思考练习中有"背诵自己喜欢的自然段，摘抄好词、佳句"这样的练习，让学生在背诵时感受到语言文字的优美，摘抄一些好词佳句为写作做好铺垫，能够让他们有词可用，有话可说。比如：在教完《桂林山水》这节课后，我就让学生摘抄好词佳句，并用其来写写熟悉的景物（如家乡）。

（2）多读课外书或报纸、杂志，摘抄好词、佳句。单从课本里学到知识、积累素材还是不够的，老师要引导学生除了认真学习课文外，还要多读课外书籍、报纸、杂志，扩大知识面，充实写作材料。在阅读时，提醒学生做好笔记，勤写心得，同时要求学生准备一个记录本，遇到好的名言、佳句及典型事例就摘录下来，还可以做佳作摘要。这样，学生的知识丰富起来了，那写起文章就会得心应手，文章自然不会空洞，生涩。

案例四：王雪芹老师针对如何提高学生作文水平进行反思。

八年级六班第一次作文课。

我简单引导之后，同学们个个神凝笔端，奋笔疾书。看着这班孩子我就高兴，不用扬鞭自奋蹄。五十分钟完成一篇六百字以上的作文，看样子个个是志在必得啊！我静静欣赏，不忍打扰，仿佛陶醉于花丛之中，眼前都是美景。

二十分钟后班内巡视，了解学生作文情况。忽然发现一个学生竟然一字未写，作文纸一片空白。我不禁惊呆了！

怎么会这样？

我急忙询问："你咋没写啊？"

一旁的小组长急忙搭话："我劝他赶紧写吧，他就是不写！"那孩子低着头，不敢看我一眼，用低到几乎听不到的声音告诉我："我不会写！""以前怎么写的作文？"我追问道。"抄的。"他怯怯地回答。

我把心头一股怒火强压下去，接着他的话说道："抄也可以。这个主题的文章，你抄两篇吧。"

他把头埋得更低了！看着这个男孩，我心中好像打翻了五味瓶。作文可以写好，也可以写得一般。说不会写作文，不动笔，分明是态度有问题。我不再说什么。那次作文，他没有交。我向其他老师了解情况，都说这孩子跟其他学生不一样。我想，还是暂且把他放一放。

第二次作文课。

其他同学依然奋笔疾书，我有意看看他，头低得几乎贴到桌面上。我走到他跟前，作文纸仍然一片空白。这孩子，有点棘手了！在班内我不想刺激他，下课，把他带到办公室，问他为什么还是不写作文，他一言不发。问他其他话题，也不回话。让他回班，站在原地就是不走。这孩子，有个性！

老师们很是担心，作文不写，这孩子语文该咋整？班主任还请来了家长，了解具体情况。家长反映孩子在家也是这样，气急了妈妈揍他，也还是不说话。要老师们多费心。我意识到孩子的问题不是批评挨揍能解决的！这种亚健康的心理状态，如果处理不好，甚至还可能给学生造成心理问题。他的问题，处理不好，还不如不处理。我提醒自己：这事，不能着急！

语文课上，我总是多留心他的表现。看见我注意他，就会低下头，好像做了什么错事一样！我也总会给他一个鼓励或安慰的眼神。慢慢地，课堂提问，他也开始回答问题。很显然，他对我的敌意在逐渐消退，我感觉到希望就在眼前。

第三次作文课。

十分钟后，我故意走到他面前。作文纸依然一片空白，头几乎贴到桌面。我悄悄地告诉他："你出来一下。"他很顺从地离开座位走到教室外面。我先蹲下后，示意他也蹲下。他犹豫了一下，终于紧挨着我蹲了下来。我轻声问他同一个问题："为什么不写作文？"他把头往下一低，不再说话。我们又陷入了僵局。是该解决问题的时候了。我轻声告诉他："不写作文，刚才我知道你的内心很不安，担心老师批评，担心小组长和同学埋怨你拖小组后腿。其实，你心里很难受的，对不对？"他点点头算是回答了我。我继续说道："其实你也想写出好文章的。这样就不用这么为难了！"他再次点头。"那你为什么不写呢？"我再次提出这一问题。"我不会写。""你就写你刚才心里的想法，就写你自己，你会写的。"他点了点头。我让他回到班里座位上。

十分钟后，他已经在作文纸上写下了两段文字，题目是"我的同桌"。我轻声告诉他："你写的字还真漂亮！作文有可能得较高的分。"他抬起头，看着我，给了我一个怯怯的微笑，像一朵含羞的花，开在暖暖的阳光里。

我忽然想起一个词：静等花开。真的，有的花开在春天，有的花开在秋季。我们都要耐心等待，相信终有一天花会开！

第四节　孩子成长的沃土

"路走错，可以回头；人生之路是单行道，无法重走。"
这是博文中学校刊《在路上》封面上的一句话。博文人本着"先做人后学文"的思想，在学生教育上，致力于先成人后成才，德育为先，素质为重。

学校德育处针对初中生的特点，从生活习惯、行为规范等方面编印了五十页、包括十六章内容的《博文中学学生手册》；校团委主办了《在路上》期刊，开设了卷首语、校园人物、写作天地、学海泛舟等栏目，让学生开阔视野。学生们学习《弟子规》、实践《弟子规》，知礼节，懂感恩，培养良好习惯，为幸福人生奠基。

博文中学始终坚定"先做人后成才"的教育理念，以加强学生文明素质为切入点，坚持开展好一系列"传承中华美德，争做文明学生"教育活动。学生从入学到毕业都要学习实践《弟子规》，每月突出一个主题，教育学生从日常生活小事做起，利用节假日开展活动，团委结合青年节开展理想教育，在教师节举行"老师我想对你说"作文比赛，在国庆节举行"歌颂祖国"诗歌朗诵比赛。经过多方努力，学校逐步完善了德育管理体系，实行了"全员育人导师制"，从校长到一线教师43名"育人导师"，对82个寝室实行网格化管理，"教师人人是导师，学生个个受关爱"。导师担负三重角色——像父母、做良师、成益友。针对个性差异，因材施教，指导学生的思想、学习和生活，形成有利于学生健康成长的合力。从2014年10月份开始，全校开展"日行一善、周明一理、月养一习"道德长跑活动，在班主任培养学生12个方面、学生应掌握的12个最基本的常识、应培养的四类36种习惯等方面量化、细化，并编成通俗易懂的文字内容，便于掌握，同时，还相继开展了"创百优、争十佳"等模范标兵评比活动。

博文中学承诺：将每一位学生视为亲生子女。他们是这样说的，也是这样做的，博文中学在家长和孩子的眼里，就是一片沃土。

七年级一班宋李福同学的妈妈介绍说：

把孩子送到博文中学学习，是我作出的最正确的选择。孩子发生了很多变化，今天我就和大家聊一下。

记得刚来到博文中学时，孩子是第一次住校，各方面都比较生疏，不会照顾自己。还好有我们老师悉心的照顾，强调注意安全，保护孩子的健康。班主任也会组织学生充饭卡，这也省了我们的力气，老师还教学生学会如何合理安排自己的饭费，做一个有计划的人。

我印象最深的是开学第一周回家，孩子居然主动做起家务来，自己的事情自己做。这是我最感到欣慰的地方，感谢博文老师们的教导。

这个寒假，要说最苦的人是谁，除了抗疫战士们就是老师了。

因为疫情，全国人民不能出门。这就意味着孩子们不能到校学习，我们做家长的也是很着急，担心孩子的学习情况，怕会落下功课，还好老师们开展了网课。网课是一个未知的全新领域，这对老师来说，可是一个巨大的挑战！

老师们学习使用各种软件，呕心沥血，废寝忘食，只是为了我们的孩子可以更好地学习新知识，将来能成为国家有用的人。他们更是不惜熬夜甚至通宵达旦改作业！这样努力工作的老师难道不令我们感动吗？

孩子在家中上网课，难免会有一些困难：有时停电，有时没网，有时信号不好，听不清老师讲课。为此，我很苦恼，担心孩子的学习，寻找各种方法，还好老师们从不厌烦，总是帮忙解决。

在博文的这一段时间，孩子的学习成绩有了很大的进步，习惯养成、认真程度也都有了很大的改变，这与每一位老师的努力是分不开的。

张韶涵同学的家长也向我们讲述了女儿的蜕变之路：

女儿考完小升初，我十分犯愁，到底该让女儿去哪所学校就读呢？中学对孩子的成长十分关键。我不停地打听，与亲朋好友商量，他们都推荐博文中学。报到那天，我仔细了解了博文中学，也与老师进行了交流。最终我很放心地把女儿交给了博文中学。

经过一学期的学习，我看到了女儿的变化。女儿身兼班长、语文学科代表，压力大很辛苦，我总觉得女儿是弱小的，一些事情从不敢让她去尝试，但博文中学的老师发掘了孩子的潜能。孩子成绩不断提高，学习兴趣越来越浓，这让我感到十分欣慰。当然，这与博文中学的教学理念分不开，与各科教师的悉心指导密切相连。

记得来博文中学的第一次月考，女儿非常紧张，给我打电话聊天。她说："班里同学都没有准备好学习用品，班主任就自己垫钱为我们买。"作为班长的她，帮班主任查人数，发放用品。她还说："这可不是一件容易的事，不过我可以的！"听到孩子的一席话我流泪了，是欣慰的眼泪，还夹杂着些许的心疼。一句"我可以的"，完全不像是一个十三岁女孩说的，短短的四个字包含了孩子极强的责任心和她坚强的决心。孩子巨大的成长变化令我感到自豪，也再次证明了选择博文中学，就是给孩子选择了更好的明天。

女儿小学时很依赖我，从没有自己洗过衣服，也从不做家务，但在博文养成了良好的生活习惯。衣服自己洗，回到家里就收拾房间、扫地，还经常帮我做饭、洗碗。半年时间，博文中学便培育出如此懂事的孩子，我又一次流泪了，是感动的泪，是感谢博文中学的泪。

自从上了博文中学，女儿就像变了一个人似的。她开始变得自立，开始变得有责任心，学会了照顾自己，更学会了照顾别人。女儿不仅学习成绩逐渐提高，而且言行举止也越来越文明、有礼貌，面对亲朋好友都会主动打招呼。非常感谢尽心尽力的老师们和友好可爱的同学们陪伴着女儿一路成长。

博文中学，就像一个大家庭，给予她良好的生活和学习环境，在这里，女儿不仅可以安心快乐学习，而且能够全面健康成长！

马志博同学的家长给博文老师们写来了一封感谢信，信中说：

博文中学的各位老师：

你们好！

我是七年级三班马志博同学的家长，时光荏苒，马志博已经在校寄宿一个学期，这段时间伴随着一个小男生的成长，给我们家长带来了始料未及的小插曲。2019年8月28日，马志博第一次离开父母，来到对于他来说较远的县城，独自开始他的初中寄宿生活。他性格虽然比较内向，不爱说话，但是在班级里和同学们在一起玩起来，话总是止不住的多。这让我们觉得他会很快地适应陌生的环境和陌生的老师同学。

但事实和我们预料的完全相反，当军训结束后第一个周末假期到来时，两天时间内他已经充分向我们表达出了他的情绪，寄宿的不适应和对家的想念已经不能让他正常地听课、按时吃饭和休息，也因此导致他第一次考试成绩一塌糊涂。

在他一次次的哭闹之下，我们几乎隔一天接回家一次，以此来让他慢慢适应，可效果不是很好。正当我们束手无策的时候，班主任马老师多次主动与我们交流和沟通，在马老师的分析和安慰下，给我以及快对马志博"举手投降"的长辈吃下了一颗"定心丸"。

再次返校之后，他的情绪明显缓解很多。回家之后看到他脸上挂着笑容，告诉我们，马老师推荐他当上了数学课代表，同学们也主动找他聊天和问问题。各科老师也默默地对他这个内向的男生进行了"特殊关照"，上课对他进行提问，转移他想家的注意力，下课和他谈心，让他对老师敞开心扉。事务繁多的班主任马老师更在空余时间和他聊天，教他缓解情绪，发生任何小状况取得一些小进步都会告诉我们让我们安心。甚至连生活老师都会关注他，跟宿舍同学是否交流、几点睡着这些繁琐不起眼的小事情，老师们都会在我去接孩子的时候，一一细说。

在老师的耐心劝解和开导下，马志博的成绩从第一次失利考的28名，突飞猛进往前提高了十个名次，让我们意外的是这个前不久还哭哭啼啼的男生，此时此刻在我们面前信誓旦旦地说："下次我要努力再往前提高10名。"看着他脸上挂着自信和轻松的笑，我们家长彻底放下了那颗惴惴不安的心。

再次见到班主任马老师，是马志博获得了"校园十大标兵"时，当他拿着喜报和奖品雄赳赳气昂昂地向我们走来时，我们心怀感激。作为一名老师，您已经超负荷地完成了对一名学生的教导。您却只说一句"这都是我们应该做的"，让我们感动不已。

七年级一班田晓柔同学的妈妈对我们讲了孩子的成长与变化：

孩子的初中生活是至关重要的，不仅仅是关于学习，更是孩子生活上、思想上、价值上的一个重大转变。因此对于这一时期的孩子来说，选择什么样的学校，遇到什么样的老师都是非常重要的。

很庆幸我为我的孩子选择了博文中学，在这里遇到的良师益友，改变了孩子很多。

入学后不久，孩子由于思想波动，学习成绩很不稳定，甚至有点不想上学的念头。当时的我也是心急如焚，一时间不知如何是好。幸好当时有耐心的陶老师，我与陶老师进行了多次沟通，她为我出谋划策，孩子在学校的表现与心理变化我都能及时关注。后来孩子也渐渐稳定下来，学习、生活都有了很大的进步。

从刚入博文中学到现在，孩子的变化很大，从刚开始的散漫到现在她在家中常常帮助我们做一些家务，我们家长看到了她的变化，希望她能在老师们的教育下，更上一层楼。原先在小学班级里成绩显得普普通通，到博文之后经过老师的培养，比原来要好，她的这些变化和老师的辛勤培育是分不开的。进入初中以后，她的某些变化，我们都是看在眼里的，她的学习变得独立，生活变得自主。

在此感谢老师对我孩子的关爱与照顾！感谢老师给予她无私的帮助，无微不至的关心！感谢老师对她学习生活方面给予的宽容和理解！感谢老师的辛勤工作。孩子的优秀，离不开您的培养！孩子的明天会因为有您的教导而更加辉煌。

八年级九班郭雨萌也向我们讲述了学校里的幸福。她说：

说起幸福，大家可能都觉得和自己的爸爸妈妈爷爷奶奶在一起就是幸福，但我觉得在学校里和老师同学在一起也是一种幸福。

还记得六年级快要毕业的时候我来博文中学参观，走进校园，看到大厅中的三句话——将每一个学生当作亲生子女、将每一个家长当作兄弟姐妹、将每一节课堂讲成艺术精品，就有一股暖流涌上心头。看到学哥学姐脸上洋溢的笑容就感觉到在学校生活、学习的幸福。这种氛围让我第一时间就喜欢上了这里，并决定初中就在这个学校里上学。

2018年8月28日，我来学校里报到，门口迎接的老师笑容可掬，负责接待的老师们更是热情洋溢，和蔼的笑容传递给我满满的幸福。走进教室，平易近人的老师和可爱友好的同学，让我更加坚信："我没有来错学校。"穿上校服，我英姿飒爽地和同学们站在一起，高兴满满。憧憬未来，我定会成为一颗璀璨的星星，闪烁在博文中学的上空。

七年级下学期，有一天早上醒来，我感觉浑身酸痛，头很疼。刚开始我没太在意，所以就没对任何人说，一上午过去了，还是没有好转。下午上课之前，我打算对老师说，但是想着"坚持一下吧"没去。"雨萌怎么了？脸色那么难看。"老师已经发现了，说完用手摸了摸我的头，"呀，发烧了，马上坐我车子去拿药！"说完就急匆匆地把我扶上车子，在路上还不时地拉拉我的手。我把头靠在老师的肩膀，老师的体温就像一股暖流流淌在我心头，我的眼睛上不知什么时候蒙上了一层"薄雾"，我赶紧闭上了眼睛，害怕老师感觉到我情绪的变化而担心。能够在老师的教导下学习，汲取知识的甘露让自己茁壮成长，我真的很幸福！

幸福的人，满脸写的都是如意，就像郭雨萌。幸福所在，就像博文中学——有爱、有牵挂、有憧憬，她因选择了博文而幸福，她因生活、学习在博文而自豪，她因有博文老师的庇护而温暖。

最后，郭雨萌深情地说："博文中学——幸福的港湾，谢谢您！"

2020年全县中考状元张佳乐说道：

2017年9月1日，我第一次踏入博文的校门，2020年7月16日，我以学生身份最后一次迈出博文的校门，时光荏苒，整整三年。我在博文度过了重要的三年时光，纯洁的三年时光，无悔的三年时光，拼搏的三年时光。回首过去，有苦有泪，有甜有笑。或许我还有机会重返母校，但是却没有机会重返母校的时光，在母校的时光机里，有我的影子，有我的成绩，有我的青春，有我的老师，有我的同学，有我最美好的三年。

我们私下讨厌过学校的校服，投诉过学校的饭菜，抵制过学校的老师。可直到走过这样的路，真正地离开了这所学校，才有所怀念。若有一天重返母校，或许只有也只能说我骄傲，我是博文人！

"我骄傲，我是博文人！"这是孩子们的心声，因为博文中学真正成了孩子们成长的沃土！

第四章　构建教育大格局

第一节　他山之石可攻玉

在博文中学，宋善玺校长鼓励引领老师们广泛学习，对世间万事万物关心、研究，形成了一种浓郁的学习研究氛围。这种氛围影响熏陶着所有的老师，老师在学习研究中历练成长，进步提高。

2017年4月，王雪芹老师在全国幸福教育联盟会刊《教育学》杂志上发表了一篇文章，《柔美似水，巍峨如山——美读初中语文教材教师形象》，对初中语文教材中教师形象进行了全新解读，给广大教师带来了有益的启发。文章如下：

有人说，遇见一位好老师，可以改变一个人的人生轨迹。魏巍遇见蔡芸芝老师，他说：今天想来，她对我的接近文学和爱好文学，是有着多么有益的影响！于是，在我们的语文教材中，一个"温柔而美丽"的蔡老师款款走来。在近代文学史上，还有一次伟大的遇见——周树人走进三味书屋，遇见三味书屋的主人寿镜吾先生，于是文学巨匠鲁迅如山般耸立，但那寿镜吾先生，却是鲁迅这座山背后的远山，若隐若现不容忽视！

蔡芸芝老师温柔而美丽，寿镜吾先生严肃呆板，颇多争议！她，他——蔡芸芝老师，寿镜吾先生，在教育的史册中，都是传奇！

水一样柔美——向蔡芸芝老师学习教育的艺术

大教育的情怀，从细微处做起。

第一次读魏巍的文章《我的老师》这篇课文，我最感动的是课外的时候，蔡芸芝老师教学生跳舞，观察蜜蜂，并让她的学生吃蜂蜜。当时我十一二岁，满脑子的贫穷，当然从不敢奢望能吃到蜂蜜！魏巍的老师却让学生吃蜂蜜，好不令人羡慕！

今天，从教育者的眼光，观看自己的同行前辈，蔡芸芝老师课堂之外做的事情，让我们感到，她是把生活当作课堂，并把教育融入自己生命的每一个间隙，她是最懂教育艺术的老师，有着大教育的情怀。正因如此，不用呵斥，不用打骂，她用无穷的魅力吸引了学生。所以，学生会在她写字的时候都默默地看着她，连她握笔的姿势都急于模仿了。这样的老师，除了追随，学生还能怎样？

蔡老师是公平的法官。老师排除学生纠纷，是一件很小的事情，但孩子心中无小事，在成人眼中也许只是一句笑谈，孩子心中就成了一座跨不过去的山。蔡芸芝排除了孩子世界里的一件小小的纠纷，绝对不亚于神圣的法官公平判决一件刑事案件，公道、正义的种子也就在一颗颗心灵中扎根。

把爱传递，摆渡心灵。

她爱学生，并善于把爱传递出去，这是教育的第一要事。

蔡芸芝老师是最善于传递爱的天使！她的笑中传递着爱，她举起教鞭，学生依然能感觉到她的爱，这是做老师最大的成功！作为老师，心中没有爱，还做什么老师？心中有爱却不能把爱传递给学生，是你做教育的失败。我们很多老师心中也是爱学生的，但更多的是以恨铁不成钢的形式表达出来，往往学生接收到了恨，忽略了后面的爱，于是产生了很多老师和学生、家长之间的纠纷。蔡芸芝老师是成功的典范，她把爱成功传递，并让学生一生难忘。

蔡芸芝老师是一位最美的摆渡人。她有着唯美的形象，在孩子们的心中，她如同盈盈碧波上的荷花仙子，轻轻滑动美丽的小船，摆渡学生的灵魂，让学生走出现实的残酷和污浊，走进一个无比美妙的世界，从此，那个在苦难中挣扎的灵魂得以超脱。她挥洒爱的雨露，一片干渴心田得以滋养！她播下善良、公道、正义的种子，这粒种子就长成最美的风景。美丽的蔡芸芝老师，如潺潺溪水，淙淙流淌，所到之处，都是花香！

山一样巍峨——向寿镜吾先生学习做人的境界

他，是鲁迅的恩师，名不见经传，我们也只在《从百草园到三味书屋》中和他有一面之缘。但这一面，足以让他在每个人的记忆中永存。

在我们的记忆中，一定不会忘记那个手拿大戒尺的古董老师：他，一脸严肃不愿回答学生"怪哉"的问题；他，和三味书屋一样，枯燥无味并扼杀孩子的活泼天性，似乎无可置疑。于是，寿镜吾先生成了守旧呆板私塾先生的代言人，和魏巍老师笔下的蔡芸芝老师真是有天壤之别！似乎鲁迅对这位私塾先生持批判的态度，才写下有关三味书屋的文字，可文中许多对先生的描述，又和这一观点相悖。究竟，鲁迅对他是一种什么情感？这是一位怎样的老师？

我们一起走进文本，解读人物内心的秘密！

严爱有度，因材施教。

鲁迅从百草园来到三味书屋，看到先生和蔼地在一旁答礼，高而瘦，须发都花白了，还戴着大眼镜。这样的人物描写，让我们感到寿镜吾先生给学生的第一印象是和蔼的，很讲究礼节。那高而瘦、戴着大眼镜的外貌，更是突显了先生身上的儒雅之气，照应了下文"他是渊博的宿儒"一句话，而且，"我早听到，他是本城中极方正、质朴、博学的人"，这些文字，都让我们感到寿镜吾先生在鲁迅心中的崇高地位。对这位恩师，作者不是一般的尊重，而是如他所说，"很恭敬"！

我们再看看这位寿镜吾老师又是如何教学生的，从他身上我们可以看到传统教育的影子。我们一定记住了他不回答作者"怪哉"的问题，所以对这位老师都有意见，批评他是老腐朽的典范，寿镜吾老师身后的骂名大都是因这件事引起。我们且看这件事给"我"带来的影响是什么呢？——"我因此知道了学生是不应该问这些事的，只要读书"，换个角度，我们不妨这样理解：寿镜吾老师对学生要求极其严格，要求学生要专注于学业，不要胡思乱想，因为静心专注才能学有所成。也因为"怪哉"之事，"我就只读书，正午习字，晚上对课。先生最初这几天对我很严厉，后来却好起来了，不过给我读的书渐渐加多，对课也渐渐地加上字去，从三言到五言，终于到七言。"先生对"我"从很严厉到好起来，是因为"我"的努力和进步，在老师的严格要求下，鲁迅当年的进步之快可见一斑，这是严师出高徒最有力的证明。寿镜吾老师是一位严师，对学生也是严爱有度的，可以折蜡梅花，寻蝉蜕；他有一条戒尺，但是不常用；也有罚跪的规则，但也不常用。由此可见寿镜吾先生对学生既严格要求又宽厚仁爱，并能做到因材施教，这是非常值得我们敬仰的。

书香浸润，人格引领。

寿镜吾先生最爱读书。读书入神的时候，他总是微笑起来。这种陶醉书香，享受书之美味的读书境界，对学生的心灵浸润应是无可替代的。鲁迅曾经在三味书屋生活了7年，在寿镜吾先生的辛勤教诲下，古典文学知识越来越扎实，文化素养也越来越高，但最重要的应该是对鲁迅人格的影响。

"我对他很恭敬，因为我早听到，他是本城中极方正、质朴、博学的人。"这一句评价是极有分量的，一个孩子早就有耳闻，足见这寿镜吾先生的影响之大，但关于这位先生的记录非常有限，我们不妨从这三味书屋去探寻它的主人。

三味书屋正中挂着"三味书屋"匾额，两旁屋柱上有一副对联，上书："至乐无声唯孝悌，太羹有味是诗书。"据说匾额和抱对都是清末书法家梁同书的手笔。从对联可以看出，书屋的主人把学会做人和学会读书当作人生的两大乐趣。三味书屋的名字一直有不同的解释，我最认同的三味是"布衣暖，菜根香，诗书滋味长"。布衣指的是老百姓，"布衣暖"就是甘当老百姓，不去当官做老爷；"菜根香"就是满足于粗茶淡饭，不向往于山珍海味的享受；"诗书滋味长"就是认真体会诗书的深奥内容，从而获得深长的滋味。想那寿镜吾先生饱读诗书，从"极方正，质朴"足可见其人品之高贵，美名之远扬，但他牢记祖训，不为荣华富贵动心，一生坚守，教书育人，不争名，不逐利，不妥协，不退让，在那个动荡污浊的社会中，成为三味书屋和儒家精神的掌门，在他身上，我们仿佛看到陶渊明的铮铮铁骨，仿佛听到周敦颐的一声长叹——红尘中隐居，清涟上怒放！寿镜吾先生用自己的精神乳汁，喂养出一个反封建猛士，一代文学巨人！在鲁迅的身后，在我们的视线似有若无的地方，寿镜吾先生，清高孤傲的灵魂，沉默成一座远山。

《义务教育语文课程标准》中明确指出：阅读是学生的个性化行为。阅读教学应引导学生钻研文本，在主动积极的思维和情感活动中，加深理解和体验，有所感悟和思考，受到情感熏陶，获得思想启迪，享受审美乐趣。作为教师，我们要珍视学生独特的感受、体验和理解。

这就要求教师引导学生更好地去探索文本，结合自己的实际和现实生活，生成具有创造性的、个性化的观点和意见，从而提高学生对经典课文的解读能力，锻炼其思辨能力，培养其创新精神，切实提高学生的文学素养与审美能力，促进其人格的全面发展。

初中语文教材中选编了很多的经典文章，这些都是影响过几代人的传世名篇，而新的时代，人们对经典的理解也有所改变。而要想教出"新意"，教得别开生面，着实不太容易。

在博文中学，老师们做到了。他们认为，面对经典课文，要教得别开生面，教出"新意"。首先还得读出新意，换句话说，教出新意就是引导学生读出新意。首先还是要尊重文本，准确地理解文本的"本意"，然后结合现实生活，从文本中去选择新的"突破口"，或者以"批判"和"质疑"的眼光来审视文本，从而"发掘"出"新的意义"。王雪芹老师对初中语文教材中教师形象的全新解读，就是很好的例子。

除了像王雪芹老师这样"读万卷书"从文本中吸取宝贵营养，博文中学还经常安排老师"行万里路"，走出校门、走出河南、走向全国，与同行交流，和老师切磋，开阔眼界，拓展思路，提高教育教学水平。

2020年10月24日，学校安排老师来到山东省莘县翰林学校参观学习，老师们收获很多。我们来听一下两位老师的心得。

侯晨曦老师通过在翰林学校的学习，深深知道了打造"高效教学课堂"的重要性。

目标明确，全面具体。明确、具体、全面的教学目标是保证教学课堂教学实效的重中之重。在制定教学目标时，要将教学内容分解成一个个具体的目标。首先做到完成每节的小目标，然后完成好单元目标，从而达到最终完成总体目标。在教学中要做到教有目标，学有目标，指导检查也有目标，使教学课堂上能做到有的放矢地进行教学。

要"整合学生的问题"进入教学课堂，而不能零散破碎作答。这样的教学课堂能包容大量的共同问题，能引起学生的群体探索，针对性强、效率高。

巧设活动，落到实处。巧设教学活动，精心设计每一项任务是提高教学课堂教学实效的保障。教师既要考虑到教学活动的趣味性，又要考虑到实效性。抓住知识点，反复练习。

高效教学课堂多样化的评价形式。看老师，体现了在教学课堂教学中学生的主体地位，而老师处在引导地位，老师的教学活动要围绕学生这一主体进行。看学生，以学生来评价老师，在教学活动中首先看学生是否在学业上有超常收获，有超常提高，有超常进步。

高效教学课堂效益评价主要标准是：学生思维活跃，语言表达正确、流利、有感情，教学课堂充满激情，分析问题与解决问题的能力强，目标达成且正确率高。前提是看学生是否愿意学、会不会学、乐不乐学，核心是教学三维目标的达成。

总之，高效教学课堂，要努力追求用最简约的方法和手段，引领学生走进复杂丰富的教学课堂，让学生学得轻松、扎实、有效。

今后，要取高效教学课堂的语文教学之长，结合本校学生的实际，在以后的语文教学中，形成自己独特的教学课堂特色。

让学生做好充分的预习，预习不充分的课不上。在学生预习的同时，应给他们明确的目标，让学生自行构建起初步的知识结构。

开放教学课堂，自主学习。要打破传统的教学模式，让学生在教学课堂上尽情地动起来——身动、心动、神动。让学生在教学课堂上能充分发挥自己的潜能、才能，展开小组学习、独学、对学、群学；让学生养成独自思考、合作探究、对抗质疑的学习能力。让课堂和谐、民主，学生敢问、敢说、敢动，形成一种积极主动，争先恐后，紧张活泼的学习氛围。

教学要面向全体。以往教学只注重面向好生、中等生，忽略潜能生。在今后教学中，利用学生合作学习机会，让学生承担一部分教学任务，使之成为小老师，好生带动中等生，中等生带动潜能生，从而形成生生动起来的浓厚学习氛围。高效教学课堂的成功启示我们：在教学中，要给学生一个足够的空间，从而体现他们的主体地位。教师在日常教学中要充分挖掘学生的潜力，就要把教学课堂让给学生，让他们在学习中获得成功的快乐。这样进一步激发求知的欲望，从而提高学习效率。

徐丹丹老师作为新老师非常荣幸有机会可以去翰林中学学习。在两天的学习中最让她震撼的是两件事。

第一，安静又干净的校园。

踏进翰林的大门，整个学校的氛围很让我震惊。我们去的时候正是早读结束，第一节课前准备时间，但是整个学校静悄悄的，让我一进去都不由自主地想小声说话。从学校大门到进入教学楼，最后走进课堂，我们全程没有看到一个乱跑的学生，没有听到任何吵闹的声音。因为离第一节课还有十几分钟，班级里并没有老师，但走廊都是静悄悄的，教室里都是朗朗的读书声，看到这些，我们深受感动，甚至为之震撼。

第一节课课间的时候，学生快步去卫生间、去接水，但是做完这些都会快步走进教室，做下一节课的准备。午饭时间，学生都是排好队一起去食堂就餐，去食堂的途中，没有人说话、嬉笑、打闹，用翰林学校孙主任的话说，这些孩子都不像十三四岁的孩子，很是懂事，不闹。这些学生再一次让我为他们感动，十三四岁正是释放天性、调皮的年纪，是什么力量让他们抑制住自己的活泼好动，每天努力学习呢？这不禁让我感叹翰林学校在学生管理上的过人之处。

除了安静，另一个就是干净。首先，地面的干净，毫不夸张，地板砖都是反光的。其次，桌面，学生的桌面除了本节课需要的书，没有其他无关的东西。在体育课的时候，我们看过一间教室：桌面干净得让我都自愧不如，如果不是看到桌子下面摆放整齐的书，我都怀疑是不是这间教室没有学生上课。

第二，良好的学习氛围。

在课堂中，我们看到所有学生，不管成绩好与不好，没有一个讲话、睡觉或者做其他事情的。哪怕基础不好的学生，也在努力跟上老师的步伐。在小组讨论环节中，可以看到基础好的学生在认真帮助基础差的学生，而基础差的学生也认真地在听。老师上课会给更多的机会让小组里基础差的学生回答，他们在本小组同学的帮助下也能很好地回答老师的问题。老师也会鼓励表扬基础差的学生。这一点是非常值得我去学习的，而翰林学生的这种学习态度也是我们应该传递给学生的。作为学生，我们可能不是都擅长学习，但是我们应该要有一个好的学习态度。让自己努力学习，争取每天可以进步一些。

在翰林学习的两天里，不管是从学校的管理，老师的专业上还是学生的认真上，我都学到了很多，希望在今后的英语教学工作中可以将我学习的知识本土化，真正落到实处。

第二节　合作学习有学问

现代教育理念认为，一个人今天在校的学习方式，必然会与他明天的社会生存方式保持某种内在的一致性，而合作学习正是这种一致性的切入点之一。《课程标准》中提出："倡导学生自主、合作、探究的学习方式，有利于学生在感兴趣的自主活动中全面提高素养，是培养学生主动探究、团结合作、勇于创新精神的重要途径。"

合作学习是一种新型的教学组织形式，是20世纪70年代首先在美国产生的一种新的教学理论和策略，20世纪80年代至90年代初，我国也开始出现了合作学习的研究与实验，并取得较好的效果。《国务院关于基础教育改革与发展的决定》中专门提及合作学习："鼓励合作学习，促进学生之间的相互交流，共同发展，促进师生教学相长。"2001年教育部《基础教育课程改革纲要（试行）》指出：课程实验"倡导学生主动参与、乐于探究、勤于动手，培养学生搜集和处理信息的能力，获取新知识的能力，分析和解决问题的能力以及交流与合作的能力"。值得注意的是：合作学习在国外已有着几十年开发与研究的历史，启发学生自主地进行知识建构，引导他们独立地完成学习任务，并学会合作创新，已逐渐成为美国等国家中小学教师的共识。在我国，合作学习仍属新生事物，由于种种原因，使我国传统的教学模式在现代的中小学课堂中仍占主导地位，教学活动过于强调知识短期内的接受和掌握，而忽视自主发现和探究，接受学习几乎成为众多学生唯一的学习方式，进而被异化为"满堂灌""机械训练"和"死记硬背"，不少学生长期处于被动应付、简单重复的状态，对学习内容一知半解、似懂非懂，从而失去兴趣。这样，既不利于知识的建构，更不利于创新精神的形成，更加难以满足知识经济时代对社会成员在终身学习能力等方面的要求。

教育部《基础教育课程改革纲要》中把培养学生的交流与合作能力作为新课程改革的重要目标。合作意识也是现代人才必备的素质之一，但传统的教学模式中学生不能作为学习的主体参与课堂，学生的积极情感得不到体验，意识品质得不到体现，这样的教学模式直接影响着学生合作精神的培养。随着知识经济的到来，培养学生的合作意识能力，是学校教育的一项重要任务。同时，一些教师开展的合作学习流于形式，组织安排学生合作学习缺乏认真设计，针对性和有效性不强，没有达到合作学习的预期效果。

因此，变革传统的、过于注重知识传承的教学方式，借鉴发达国家基础教育的成功经验，引导学生形成多样化的学习方式，已成为我国基础教育教学改革的当务之急。探索一条既适应我国社会发展需要，又能汲取国外教育先进理念的人才培养之路，乃是教学工作的重要内容，也是工作的难点。

合作学习是指"学生在小组或团队中为了完成共同的任务，有明确的责任分工的互助性学习"。它是针对教学条件下学习的组织形式而言的，相对的是"个体的学习"。具体地说，就是根据课堂研究中观察到的合作学习的层次与内容，把合作学习分为三种类型：第一层次为同伴之间的互助合作学习（如课堂中的同桌之间的合作学习、课余时间好朋友之间的合作学习等），第二层次为小组合作学习（如课堂中的小组讨论学习、研究性小组学习、兴趣小组学习等），第三层次为教学活动过程中全员性的合作学习（又称合作教学，如班级授课过程中的讨论学习、角色扮演活动等），每一种类型都有一系列的策略。有效的合作学习需要教师掌握有关策略性的知识，以便于自己面对具体的情景作出决策。

博文中学提出的构建高效课堂模式中的第一个要义，就是建立学习行动小组和学习科研小组，在"教学案一体化"导学中有合作研讨环节，这就要求教师和学生能利用小组的力量进行学习。以小组成员合作性活动为主体，系统利用教学中动态因素之间的互动，充分发挥学生互助、互赖、互惠品质，促进学生动态且有效学习，并以团体的学习成绩作为评价标准，以期共同完成学习任务的教学组织形式。其实质是学生之间建立起积极的相互依存的关系，每一个组员不仅自己要主动学习，还要有责任地帮助其他同学学习，以实现全组每一个同学都能学好的目标。

合作学习不仅有利于提高学生的学业成绩，而且能满足学生的心理需要，提高学生的自尊，促进学生情感的发展与同学间的互爱，促进学生社会交往能力的提高。小组合作学习将班级授课制条件下学生个体间的学习竞争关系改变为"组内合作、组间竞争"的关系，将传统的教学与师生之间单向或双向交流改变为师生、生生之间的多向交流。

博文中学自建校之初，就开始探索新型的班级管理模式——小组合作。学校也多次派老师外出学习观摩，学校坚持实行小组合作，已经取得了一定的成效。结合学校的学生情况，他们有了适合自己的小组合作模式。老师从紧张的教学工作中慢慢得到释放，学生从小组合作中得到飞速发展，锻炼了他们的能力，家长也从中看到了孩子的成长，给学校老师送来多面锦旗。

博文中学对班级的学生进行分组，小组成员座位为前后排列，并建立成长档案。

在组建好新的学习小组后，需要他们组建自己的"组名、组徽、组呼、组规"。建立自己的班级文化，并在班级张贴展示，让学生感受不一样的学习氛围，小组成员能共同约定目标，齐心协力，全力以赴。

每个小组就是一个团队，强调集体行动，对于各种学科任务要明确地责任分工，各小组设立组长、纪律监督员、卫生组长等等。在学习上成立了各学科负责人，每个人都有自己负责的工作。并实时进行监督和评比，以激励他们的责任心，不断地为小组争取荣誉，争取获得优秀小组。

这样，学生自我管理，会减轻老师紧张的教学任务，老师监督学习组长，学习组长会管理组员。疫情期间，小组合作发挥了积极作用，组长认真负责，各科代表督促完成提交作业，提高了学习的效率，也让学生的能力得到了锻炼和提升。也涌现了在不同方面的班级小能手，班级中一些后进生也开始行动起来，原来爱迟到、爱告状、爱找点小麻烦的孩子渐渐开始转变，得到了同学们的肯定。而且他自己的成绩也开始往前进步了不少，也不再是那个爱告状的小孩了，在脸上看到了更多的阳光的笑容，这大概就是他幸福的模样。

实行小组积分奖励机制，按照课堂发言、作业、宿舍管理、跑操、卫生等进行建立积分细则，并进行积分展示汇报，实时记录组员动态。在每一大周结束时，通过平时的评比累计，在班级中选取优秀的小组进行物质奖励，购买一些水果来奖励小组每个成员，对小组长进行单独奖励，推选小组中表现优异的组员进行奖励，让每个人看到努力就会有收获。让学生在学习中感受到幸福，也让家长看到孩子的进步。

每个班建立了班级发现美的成长树，从学生的优秀事迹，到发现他人的优秀，建立积极向上的正能量的班风，这棵树上渐渐贴满了小红心，就像树的开花结果……也从学生进班级的脸上看到了他们的笑容，这是他们青春的样子啊。

有句话说："不是我在最美的年纪遇见了他们，而是遇见他们成了我最美的时光。"回味起来都是幸福的味道。教学的过程中，成长的不仅是孩子们，老师们也变得更加理智地面对一切未知的情况，对未来的工作和生活也有了更明确的发展方向。同时，他们还继续向其他优秀的人学习，一直在路上奔跑，期待能收获更多的小幸福。

现在，在广泛开展小组合作学习的基础上，老师们又有了不同的拓展和提高。张学军老师介绍他对小组合作学习的认识和实践：

合作学习的研究专家杰克布斯认为："合作学习是一种价值观，这是最重要的合作学习原理。换句话说，合作并不只是一种学习方式，而是一种生活方式。我们希望学生能接受作为一种价值观的合作。"我们积极倡导学生开展自主学习，并通过学生的各种有效学习合作，引导学生互相启发，共同探究，也就是说，在三种学习方式中自主学习是学生合作学习、探究学习的前提和基础，探究学习是学生自主学习、合作学习的目的，而合作学习是促进学生自主学习、探究学习的有效途径。基于此，小组合作学习很自然地成为博文中学课堂教学中应用的最多的教学组织形式。小组合作学习的好处在于让全体学生都有开动脑筋锻炼思维的机会，学生相互启发，相互帮助，共同解决问题的群体协作精神，能培养学生之间团结协作的合作意识，提高学生的人际交往能力。

在博文中学，新授课小组合作学习的基本模式是这样的：

（一）学生自学，在自学中找到问题，标注疑惑点和困难点；（二）对学，同桌对学，合作解决自学中遇到的困惑点；（三）小组合作，对学不能解决的问题，放到小组中讨论，四个人或六个人展开讨论，达到互教互学，兵带兵解决问题，公共学习和提高的目的。

习题课的"四步"教学模式是：

第一步，互教互学。就是以小组为单位，每个组员进行核对答案，互教互学，重点是教和学，让会的教不会的，这样实现"兵带兵"的互助模式，学是让不会的能在自己的学组内开口问会的组员，让不会的学生能够主动向会的同学请教。如果本组组员，通过讨论还是不能解决的问题，可以走动向其他学组请教。这样，形成一个互助的学习的氛围。

第二步，方法分享。经过学组的讨论和互助，让会的同学上台分享解题方法，分享的同时也锻炼了分享者本人。学生分享完，让学生进行"我质疑，我纠错，我补充"。

第三步，教师点拨。在学生讲解完以后，老师进行点拨。

第四步，整理纠错。"还有什么问题或疑惑"，学生没什么问题了，问题都已解决，剩下的时间，让学生进行错题重做。

在小组合作学习中时间久了，很容易出现"搭便车"现象。为提高小组讨论的有效性，为了鼓励每个组员参与活动，避免出现"搭便车"现象就必须通过制定小组活动规则的方法，明确组员的个人责任。

博文中学注重探索增强个人责任感的方式方法，有如下四个方面比较突出：

1.角色互赖。即在小组活动中让每个组员都担当特定的角色，并且每个人的角色都是不可或缺的、不能替代的。小组工作角色不仅明确了每个组员的工作任务，而且使他们体验到了个人的价值，避免了在小组活动中无所事事的现象。

2.责任承包。小组活动的总任务被分解成若干个子任务，每人承担一个子任务，小组完成总任务的质量取决于完成每个子任务的质量。比如一个小组要准备一份关于环境污染的报告，可以由不同的组员分别完成以下分报告——水污染、空气污染、噪音污染、光污染等，并由此组合成一份完整的环境污染报告。

3.随机提问。即随机提问小组中的某个成员，根据他的表现评价小组活动的质量，由于提问是随机的，每个组员都有机会代表小组来汇报学习结果或展示活动成果，如果不积极参与小组活动就可能难以回答提问，使整个小组得到差评。随机提问其实就是让小组成绩受到任何一个组员的影响，只要有一名组员不好好学习就会影响到全组的成绩，这种有集体"连坐"而产生的群体压力可以促使每个组员认真投入小组活动。

4.个别测试。在学习时，小组成员之间可以交流，互相帮助，但是，教师在检查小组的学习质量时，要让每个学生独立完成测验，并且要综合每个学生的测验成绩来评价小组的活动。在这种评价体系下，一方面，学生再也不能以小组为掩护来逃避学习责任，因为他们在测验中的表现会暴露出他们在小组活动中的情况；另一方面，学生积极参与小组活动，在测验中的良好表现能够对小组的总成绩有直接的贡献。

在合作学习中，如果组织得不好，不仅学困生"搭便车"，连中等生也会"搭便车"，发展到后来，学优生也不愿意发言了，因为被人"搭便车"让学优生觉得很不公平。

为消除"搭便车"的顽症，需要教师对合作学习实行"综合治理"，博文中学探索总结出的主要方法是：

1.让学困生承担小组管理的职责，比如担任纪律委员、汇报员、记录员，甚至担任组长。通常情况下，教师总偏向于将这些重要的责任分派给学优生，其实，学困生未必不具备领导能力和创新能力。如果一些学困生缺乏承担小组管理责任的能力，可以事先教他们一些方法，或者给他们派助手，让管理能力强的同伴协助他们完成工作。

2.计算每个学生的进步分。在合作学习时，教师一般都会把小组团体的成绩作为评价合作学习的标准，但是，不能将每个学生的成绩简单地相加，而要将每个学生进步了多少分统计在小组分内，这样就会使得学困生也有机会为小组成绩做贡献，以提高他们在小组内的地位。

3.让学困生先发言。无论小组讨论要花多少时间，都应该让学困生先发言，学优生做补充或者做修正，一开始学困生发言有障碍，要么说错，要么表述不清，这都没有关系，一定要给足他们充分表达的时间。要将"耐心等候"作为小组讨论的一项基本要求，要求每个学生（尤其是学优生）必须遵守，有时候为了教学进度，为了加快完成教学任务，教师总是希望学生能够马上得到正确答案，这会导致学困生无法获得锻炼，他们也就习惯于"搭便车"了。

4.加强对学困生的个别辅导。在传统教学中，教师为提高学生学业成绩，常常会对学困生进行个别辅导，学困生更容易"搭便车"是因为他们缺乏知识与能力，因此，教师有责任帮助他们提高。但是与传统教学不同的是，合作学习的个别辅导往往是利用小组活动时间，而不仅是课余时间。一旦小组讨论开始，教师就应该走到学困生身边，或者把学困生召集起来进行必要的讲解之后，再让他们回到小组中讨论。合作学习的个别辅导往往在课上，是因为小组讨论时，教师可以腾出时间来做辅导，而传统教学中，教师忙于讲授是没有这个时间的，因此，传统教学的个别辅导时间一般是在课余，合作学习中对学生进行的课外辅导，一般是由同伴来完成的，即学优生与学困生结对子对他们进行个别辅导，这不仅大大节约了教师的工作时间，而且锻炼了学优生的指导能力，也同时促进了学优生的自信与发展。

孔子曰："知之者不如好之者，好之者不如乐之者。"所以，在教学过程中一改以往的"满堂灌""填压式"的教学方法，变为以学生为主体、老师为主导、能力为根本的教育理念。能够让孩子在玩中学、在乐中学，从而喜欢上学习，喜欢所在的班级。

张自肖老师十分注重让学生在合作与竞争中提高，她具体做法是：

使用小组合作与竞争机制，把学生分为6人的学队，共10组。用S拐线的形式确定学队人员，1号是1~10名，2号是11~20名，3号是21~30名，4号是31~40名，5号是41~50名，6号是51~60名。分组原则：强弱互助原则、男女搭配原则、动静搭配原则、高矮相当原则。使每个四人学队中的人各方面都比较均匀。从学习、纪律、卫生、贡献等几大方面由班主任、科任老师、生活老师、班委根据班级公约、小组公约、评分办法评价每个小组的课前、课上、班级、餐厅、宿舍的纪律和卫生以及作业完成情况、好人好事等，形成个人积分、小组积分。每大周后周二统计学队总分，评出优秀个人和2/3的优秀学队给予奖励。这样做不仅培养了学生的集体荣誉感，也充分调动了学生的积极性。自主管理、自我修正、同伴互助、共同进步的理念深入人心。

小组组建：

1.每个学队都要建立"一帮一"帮扶体系。第一名帮助第六名，第二名帮助第五名，第三名帮助第四名。从下图1可以看出，除了给出的明确帮扶对象以外，还有隐性的帮扶，比如：同桌之间、斜桌之间。从而打造相互帮助，共同合作，协同进步的小组学习氛围。培养一荣俱荣、一损俱损的组内集体荣誉感。上升到班班PK，可以有效地培养学生的班级集体荣誉感。

2.学队长在第二排的正中间，方便组织课堂知识"互检""互帮"，方便维持学队学习秩序和纪律。

3.建立学队小老师制度。有积分制，后进生与优等生积分有连带关系。后进生加一分，帮扶他的优等生加两分；扣分也一样。

4.编排坐位方式

图4-1　学队互助坐位排列方式

以学队为单位，学科、纪律、卫生等都选举或指定小组长。学科小组长配合老师督促、检查本学科学习情况，纪律小组长管理本学队纪律，卫生小组长管理本学队卫生，让每个学生都有职务，人人有事做。人人都是组内一员，培养他们的团队意识。

张自肖是一名政治老师，由于记、背的内容比较多，所以在不断地学习和实践中，在教学上，她采用的是大单元阶梯化教学。大单元阶梯化教学就是以整个单元为一个整体、知识阶梯化的教学模式，主要流程分为预学课、精讲课和检测课。

预学课就是把整单元需要理解、掌握和运用的基础知识，以填空、简答等形式，展现给学生，让学生自己看教材，独立完成的一种课型，充分体现了以学生为主体，学生自主学习。

精讲课是把整单元的知识提炼出若干个知识点，依次把各个知识点通过老师精讲，学生交流、互帮、总结来完成的一种课型。体现出老师为主导，引导教学方向，引领学生学习，激发学生学习的积极性。

精讲课流程包括：讲解、齐读、自主消化、互相提问、默写、互改互签、纠错等环节。在讲解环节中，老师解决学生的遗留问题。有三不讲：通过学生自主学习会了的不讲；小组合作，组内探讨后会的不再讲；怎么讲也不会的不讲。互相提问中，让学生前后桌之间相互提问。原因：避免因提问而过度浪费时间；避免有部分同学提问不到，打消学习积极性；学生挑错能力很强，也在变相地让他反思别的同学的错误自己有没有出现，在合作中自己进步、提升。互检互签是为了避免学生会背不会写、眼高手低。同学们相互批阅，找错，也可以反思自己，从而达到互利共赢的效果。

检测课就是把整单元的知识通过由浅入深、由易到难的方式编写若干套检测卷，对学生进行检测的一种课型。在评检测卷时，先限时让学生组内解决错题，对的同学向错误的同学进行讲解，老师巡班监督、配合、指点。组内解决不了的问题，由老师组织，会的小组可以代为讲解，小组加分，老师总结。这么做，既解放老师，又培养学生的讲解能力和组内的合作与竞争意识，对孩子来说是最大的锻炼与提升。

竞争分为与自我的竞争、与他人的竞争、小组之间的竞争、班班之间的竞争。

与自我的竞争：在不断努力不断进步的基础上，调整自己的学习习惯、学习状态、学习方法，让自己在每次的考试中年级名次稳步提升。课桌上临近过道的左右上角贴着目标成绩和每次考试的各科成绩，每次考试结束，学生针对各学科分数进行分析对比。

与他人的竞争：有两种，竞争小组间同等水平的学生为竞争对手；班班之间的竞争中同名次学生形成竞争关系。

学队之间的竞争：在互相追赶互相超越的基础上，对平时的考核与周测更加认真对待，集学队每一个人的力量做好平时的每一件事，相信过程好了，结果一定不会太差。

目前，张自肖老师的班级已在班集体中建立健全了"组内合作、个人竞争""班内合作、组间竞争""班间合作、级内竞争"的合作竞争机制，使学生真正理解、体会了合作与竞争的关系。学校举办的各项比赛中，同学们在竞争中奋力拼搏，为个人、为班级、为学校争夺荣誉；在学习上，同学们在竞争中学习知识，收获成功的喜悦。这里强调的并不是一味地去竞争，而是人们所倡导的"良性竞争"。在努力中共勉，在竞争中合作，在合作中提高。在一个充满了和谐又紧张的集体中成长、奋斗。

九年级十个班，接班时，张自肖老师的班是倒数第一，利用小组合作和组组竞争、人人竞争这种模式，在2019年10月27日的期中考试中，班级前15名平均分第四，前30名平均分第三，前50名平均分第二，已初见成效。后期的成绩一直保持或向上浮动名次。在最终的中招考试中，张自肖老师所带的班取得优异成绩。

现在，博文中学学生的合作学习能力增强了，学生的合作意识增强了，学生的团队精神增强了，学生的综合素质提高了。

绝大部分师生均能够科学理解合作学习的基本内涵，改变了以教师为中心的传统教育模式，真正树立以学生为主体、教师为主导的现代教育思想，学生从被动接受知识转变为主动探求知识，在获得学科知识的同时，提高了综合素养。

激发了学生的学习兴趣，学生的学习热情高涨，认真听课程度、讨论问题的参与度大幅度提高。就连成绩较差、学习习惯不好的学生上课也能积极参与，较简单的问题积极发言，学习成绩慢慢提高。提高了学生的语言表达能力、想象能力和表演能力等各方面能力。

叶圣陶先生说："教师之为教，不在全盘授予，而在相机；必令学生运其才智，勤其学习，领悟之源广开，记熟之功弥深，乃为善教者也。"博文中学特别强调，教学过程中学生既是教的客体，又是学的主体，他们充分发挥了学生的主体性，使学生真正成了学习的主人，达到人人参与，人人能体验成功的快乐，而变得乐学、善学，使每位学生各方面能力都得到不同程度的发展与提高。

培养了学生的合作意识。21世纪，竞争与合作并存。积极的合作意识和有效的人际交往能力是21世纪人才必备的基本素质，而他们的学生独生子女较多，在家长的精心呵护下长大，养成了"唯我独尊"的习惯，不懂得也不愿与人合作，小组合作是语文综合性学习活动常常使用的行之有效的活动形式之一，学生为了完成一个有趣的语文活动，常常需要在一起研究与实践，他们在与同伴分工合作的过程中，逐步懂得了合作的重要，并由此主动去学习、掌握与人共同、交流、合作的技巧。

培养了学生的问题意识。"学而不思则罔"，人贵有疑，没有发问的精神就没有发展与创新的潜能。在小组合作学习中，学生对别人的观点并非一味地盲从，在讨论中敢于质疑。从文本到人文，从知识到能力，学生的发问多起来，对有些问题的探究直接促进了知识的积累与能力的培养。

合作学习已真正变为科学意义上的有效的学习方式，在小组的构成、组员的分工以及合作过程的设计等方面，博文中学都有了全方位的、科学的认识与改变，给师生提供了科学、系统、有效的合作学习方式，教学质量不断提高。

第三节　别开生面大讲堂

大家好，很荣幸作为博文中学这一次博文大讲堂的主讲人之一，我要讲的题目是阅读——做一名朗读者。读书是一件令人轻松的事情，那么博文中学为什么要读书呢？用胡适先生的观点来看有三点可以讲：

第一，因为书是过去已经知道的知识学问和经验的一种记录，博文中学读书便是要接受这人类的文化遗产；

第二，为要读书而读书，读了书便可以多读书；

第三，读书可以帮助博文中学解决困难，应付环境，并可获得思想材料的来源。

但是，我想，读书的原因或许是因为书中有"不为五斗米折腰"的志士陶渊明，或许是因为"国破山河在，城春草木深"的杜甫，或许是因为"粉身碎骨浑不怕，要留清白在人间"的豪言壮语和顶天立地的浩然正气。正是读书可以让博文中学不必目睹就可以还原当时的状况。或许是想像视频中的董卿一样脱口而出"驭文之首术，谋篇之大端"，但其实最重要的是我知道"腹有诗书气自华"，古人诚不欺我也。

曾经看到过一则令人惊叹的数据：

有一群人，他们拿走了38%的美国国家科学奖、27%的菲尔兹奖、27%的图灵奖、42%的诺依曼奖；等等。在其他顶级国际科学奖项中，这个比例甚至更高。

是的，也许你已经猜到了，他们是犹太人。众所周知，犹太人是一个命运多舛的民族，在历史上受过很多迫害。然而，这个民族之所以能在经历过长期的迫害与流放之后，仍倔强成长，就是因为他们始终没有放弃对读书的依赖。犹太人有一条代代相传的训诫：

当你处于穷困潦倒的境地，不得不变卖余物以维持生活的时候，你首先应该卖的是金子、宝石、土地和房屋；而你家中所拥有的书籍，则不到万不得已不可变卖。不读书的人，永远也无法想象书中蕴藏着的强大力量。不读书的人，格局永远会被限制着。

对于人生这盘棋来说，博文中学首先要学习的不是技巧，而是布局。一个人的格局往往决定着未来的高度。而读书，是最能提升一个人格局的通途。

之前了解过一部有关巴菲特的纪录片，如果你想要从这里找到成功的捷径，那可能是要失望了。因为，你看到的是一个人过着最简单不过的生活。但是，这其中藏着最令人忽视却也是最关键的细节，这个细节就是坚持读书。

博文中学会看到巴菲特每天准时6：45起床，然后花大把的时间阅读书籍、报纸、新闻……这样的习惯，从未停止过。当你用心阅读了大量的书籍后，会更加深刻地感受到——一个成功和优秀的人的背后，必然有一个伟大的人格。读书，是成本最低的投资，是提升自己眼界和人格的最佳途径。

那么，回到博文中学最开始的那个问题，博文中学为什么要读书？其实当博文中学读了很多书的时候，已经不会再问博文中学为什么要读书，而只会觉得自己读的书太少了。要读什么样的书呢？读政治政策，了解国家形势；读中外历史，了解古往今来；读文学艺术，修身养性，陶冶情操，总之是好书就去读吧。

当然，更多的时候之后，你会发现读书让人的姿态越来越低，眼界却越来越高，书不会拒绝你，读书是一件很公平的事情，在岁月的流逝当中，他会把最美好的运气融进你的生命中，所以读书是乐趣，读书是一件多么幸福的事情啊。

最后想要告诉大家，要么读书，要么旅行，身体和灵魂必须有一个在路上。

以上引用的文字是侯晨曦老师在博文大讲堂的演讲。

博文大讲堂创始于2013年，是学校所有成员展示的舞台，和"微笑阅读"一起成为博文中学开展的两大主题活动，也是学校书香建设中的两大主题。

近八年时间，在这个舞台上亮相的不仅是校长，不仅是老师，也有学校的学生们。

在这里，管理的智慧得到彰显，教学的技艺得到提升，学习的进步也会得到展示。

下面是宋善玺校长在教师读书俱乐部成立大会上的讲话：

各位老师：

大家好！

我们盼望已久的博文中学教师读书会今天正式成立了。在这里，我谨代表学校全体师生对读书会的成立表示热烈的祝贺！对在座热衷于教师读书会的领导、专家、老师表示衷心的感谢，感谢你们在百忙之中挤出时间，光临我校指导。

读书会旨在把阅读与教学实践结合起来，用读书指导实践，用实践深化读书，使读书、实践、思考、写作成为一种需要、一种习惯。

博文中学教师读书会的成立，是我校"厚德、尚礼、博学、致远"办学理念得以实施的重要举措之一。大家都知道，学校不仅是学生学习读书成长的摇篮，而且是教师读书成长的沃土。读书能给人带来智慧，给人活力，只有具备终身学习能力的人，才会终身发展，可持续性发展。博文中学教师读书会的成立，是打造学习型团体、书香校园的需要。只有会读书的老师，才能教出会读书的学生，才会营造出书香校园。我衷心希望每位教师读书会成员不断学习，不断加以积累，发展自己，保存活力。每位会员要不断使自己成为学校的栋梁和标兵，以自己的模范行为带领全体学生努力读书学习，快乐学习工作。还不是读书会成员的老师积极创造条件，加入读书会。

为什么我们要成立这样一个民间的教师自发的读书会，这关涉到两个问题。

一是教师需不需要读书？也许这个问题不需要回答。教师哪一天不在读书，我们不是和学生一起读书吗？对，我们的阅读也许就只仅限于此，读课本，读练习本，读参考书，读教案集，剩下来的时间读读《女友》《家庭》等杂志，偶尔看看《读者》，仅此而已。久而久之，我们的阅读视野比学生还要狭窄，我们的阅读趣味、教育理想、审美情趣逐渐丧失，于是，教学成了重复单调的没有任何创造力的程序。

帕尔默在《教学勇气》中说，真正成功的教学，不是来自教学技术的层面，而是来源于教师的自身认同与自身完整。说到底，好的教学，来源于教师丰富的心灵。真正的变革依靠的是内心所受到的召唤，而不是任何的强制或伪装成各种面目的规范。无论从课程改革的角度来说，还是从校本教研的角度来说，或是从教师的专业发展来说，教师都必须大量阅读。

作家毕淑敏说："日子一天一天地走，书要一页一页地读，清风朗月水滴石穿，一年几年一辈子读下去。书就像微波，从内到外震荡着我们的心。徐徐地加热，精神分子的结构就改变了、成熟了，书的效力就体现出来了。"同时，教师的读书自然能够感染影响带动学生的阅读，功莫大焉！同样，一个学校如果形成了阅读的氛围，让知识和精神的光芒照亮校园每个师生的心灵，这样的学校才能真正意义上走向学习的乐园。

第二个问题，我们为什么要结伴读书？因为现在读书的人太少了，读书的力量太单薄了，以至我们在阅读的路上显得孤单。因此我们以读书会的形式，全体成员一起读书，一起研讨，实现交流、督促、影响。在我们学校成立这样的读书会，带动的不仅仅是读书会里的成员，我们要实现带动全校教师读书的作用。

我们结伴读书，还要以语文教学研究为圆点，辐射其他学科，拓宽阅读视野，侧重从经典的学术著作中汲取教育营养，始终关注小学教育理论与课改动态，在多种教学思想的碰撞中汲取丰富营养，注重阅读、思考与实践相结合，为教学研究提供更深厚的理论基础，以读书的方式浸润我们的心灵。

朱永新先生也积极倡导教师读书，他认为教师的读书不仅是学生读书的前提，而且是整个教育的前提。

他指出：教师就是教师。教师与学生是一对互相依赖的生命，是一对共同成长的伙伴。教师每一天在神圣与平凡中行走，为未来和现在工作。教师首先是一个人，他有自己的喜怒哀乐，有自己的油盐酱醋，他必须做好一个人，争取做一个大写的人，一个能够影响学生健康发展的人，一个永远让学生记住并学习的人。

教师是一个冒险甚至危险的职业。伟人和罪人都可能在他的手中形成。因此，教师必须如履薄冰，尽最大努力让自己和自己的学生走向崇高。

教师的幸福也不仅仅是学生的成功，同时应该是自己的精神层面的充实与成功。教师可以利用的时间与空间决定了教师是一个幸福的人。他完全可以进行自我设计与武装，让自己多才多艺，让自己的精神世界更加丰富，让自己脱离庸俗。

教师要达到上述的境界，最重要的途径就是读书。人类几千年的教育历史中，创造和积累了许多宝贵的教育思想财富。这些财富保存的载体主要就是教育的经典著作，阅读经典，与过去的教育家对话，是教师成长的基本条件，也是教师教育思想形成与发展的基础。教育智慧的形成，在一定意义上说，就是跨越由这些经典构成的桥梁的过程。这是一个不可超越的过程。人类的教育虽然不断变迁与发展，但是教育的根本不会变化，教育培养人的功能不会变化，教育过程的内在规律不会变化。如教育创新，虽然是我们这个时代的主旋律之一，但是对于创新教育的论述，现在可能并没有超过陶行知。因此，现代的许多教育新思想，其实只不过是用我们这个时代的语言和案例与过去大师的对话而已。

教师读书不仅是寻求教育思想的营养，教育智慧的源头，也是情感与意志的冲击与交流。从过去的教育家的著作中，教师可以学习的东西很多。有心的教师会认真阅读教育的重要文献，认真学习不同时代教育家的人生理想与人格力量。读书会让我们的教师更加善于思考，更加远离浮躁，从而让我们的教师更加有教育的智慧，让我们的教育更加美丽。

基于此，我们成立教师读书会，目的就是以创建"学习型学校"为导向，贯彻落实新课程要求，以读书活动为载体，努力营造书香校园，塑造内涵丰富、特色鲜明的校园文化。营造读书氛围，使广大教师从优秀作品中汲取营养，开阔视野，丰富知识，从而提高教师的文化底蕴和文化修养，使教师成为"有思想的教育者"。学习教育理论，更新教育观念，丰富教育智慧，促进教育创新。搭建教师交流平台，切实解决教育教学中的问题，实现教师专业水平和学校办学品位的同步提升。创建学习型组织，以教师的读书行为引领学生形成良好的读书习惯。

学校读书会成立后，我们将从以下几方面开展工作：

1.书目推荐：我们将推荐"教育大家、人文大师、经典名著、语文教学"等好书供大家学习。

2.阅读交流：每天保证一小时读书写作时间，每学期至少读一本教育教学理论专著，每月撰写一篇教学随笔或读书心得。每月最后一周举行读书交流会。

3.读书论坛：每学期至少为校园网、读书会博客上传一篇原创读书文章。

4.学术沙龙：每个学期进行一次小型学术沙龙活动，邀请名家讲座，汇报读书成果。

5.茶色书香：选择某个茶座，边品茶边交流，茶香中享受读书的惬意。

6.阅读自然：利用寒暑假外出，亲近大自然，如安排"踏青寻梅"之类的活动，汲取大自然的精华，畅谈读书的乐趣。

7.学生指导：继续开展对学生的读书指导，加强班级读书会建设。

8.成果分享：每年度把读书会活动的优秀成果整理编辑成册，以报纸杂志的形式存档，并可以与其他学校分享我们的成果，以便把这一活动更好地推广。

老师们，在教师读书会成立之机，学校向每位成员推荐两本书，都是苏联教育家苏霍姆林斯基的。一本是《给教师的建议》，不读此书的人无以为教师，二是《把整个心灵献给孩子》，这是我们的心灵所向与阅读象征。

我们期待，全体社员能够积极参加读书活动，在书的浸润下，让我们精神世界的分子结构发生变化，让我们的教学发生变化，让我们的教育生命发生变化——从内到外的变化。

再次祝贺读书会的成立！并期待着！

魏冰老师和大家分享的是《微笑阅读活动读后感》：

第一，读书可以增加一个人谈吐的质量和深度。

读书可以掌握知识，谈吐之间，可以见人与人的气质与涵养，读书在某种程度上，可以让你获得优越感，而优越感又是建立自信的一种方式，这是读书最明显的一个功效，也是一部分人想要读书的目的。

第二，读书可以保持大脑的活跃。

读书可以让你的大脑活跃起来，防止它失去能力，就像身体其他的肌肉一样，大脑也需要通过锻炼来保持它的强壮和健康。

第三，读书可以减少你的压力。

在读书的过程中，可以阅读跟你不同的人，比如来自不同文化或者背景的人，能帮助你了解他们的看法，重新审视原有的偏见，比起不读书，读书的人会对社会事件和文化多样性有更丰富的认知，读书的人对世界的基本认识也会得到拓展，身处其中更觉得安心。

第四，读书，可以使人具有抵抗孤独的能力。

当你感觉孤独的时候，那么你就读书吧，这里的孤独并不是我们平时理解的孤独，当大家都逐渐迈向成熟，自己做自己的事情，所以，书籍才是最好的陪伴，而且无论是人生的哪个阶段，都需要好好读书。

第五，增加知识储备。

这一点很好理解，经常读书的人，无论是知识量、深度还是知识的新鲜度都远大于不读书的人，不读书的人很多的知识压根就无法了解到，或者了解得很表面。

例如，你和朋友或者你的领导又或者是同学在聊天或者探讨问题的时候，就会跟不上思路，理解不了所讲的内容。

第六，拓展了思维。

经常读书的人在思考问题的时候有广度也有深度，更容易透过现象看清本质，恰到好处地解决问题，而大多数不读书的人，看到的都是表面的、肤浅的问题，解决问题也只能从表面，解决不了本质存在的问题。

第七，独立思考能力的差距。

经常读书的人，思考和处理问题的时候，更加独立和理性，相反则比较从众和感性。

第八，丰富精神层面。

从精神层面来讲，人是追求精神上获得愉悦的高级动物，精神强大的人是不畏惧现实的，精神上富有的人是不抱怨现实的。

第九，具有更大的包容性。

经常读书的人，其包容性是更大的，因为他的学识、眼界、思想不会局限在一个点上。

经常读书的人，他们更容易从容地面对一件或好或坏的事，接受一个不一样的观点，和各阶层的人们融洽相处，能接受热闹也能享受孤独，拥有一颗平常心。

第十，开阔眼界和提高写作能力。

书中自有黄金屋，书中自有颜如玉，这些古人都知道，并大力推行读书，不但可以开阔眼界，还可以让博文中学了解到本来不知道的事物。

读书破万卷，下笔如有神，读书增加词汇量，对一个人的写作能力具有显著的影响。可以提升一个人的写作水平，增加自己的才华。

高尔基曾经说过："书籍是人类进步的阶梯。"意思就是说，书籍是直接经验的积累，是一种传递知识的方式，更是促进了不同地域不同种族的文化和知识的交流和融合，所以说，书籍在一定程度推动了人类的进步，读书对博文中学人类的进步造成了很大的影响。说了读书的十大好处，那么在接下来的读书打卡活动中，祝愿大家继续在书海中尽情愉快地去遨游吧。

师生读书成为博文中学一道亮丽的风景线。每天中午上课前二十分钟是全校师生共同读书的时间，在舒缓的音乐声中，语文教师和学生在教室里，其他老师在各自的办公桌前，静静地捧起一本书，全校师生一起沉浸在温馨的书香中，一起徜徉在古今的智慧中。

行走在语言文字中，师生们感受到自己的心会随着文字的脉搏而跳动。"文章不是无情物，一字一句总关情。"每一个字都是一幅画，一首诗；每一句话都蕴含着丰富的情感。徜徉其间，它会赐予师生们精神力量。

马冉冉老师以自己的亲身体验讲述了读书的经历：

从刚开始接触读书到现在真正的读书，给我的三个阶段感受，从一开始被迫读书，到习惯读书，到爱上读书，这是一个质的提升。

博文中学年级组群里有一个常规，每天都有一张博文中学读完书的笑脸截图，然后还有一句非常温馨的话：又是完美的一天。一开始这个工作一直是常主任在做，后来演变成谁最后读书打卡完，在群里完成这件事情，一开始我还偷偷给常主任起了个外号"常催催"，谁到时间了没有读，他就会在群里@谁。有时候很晚，还在做这个事情，他很赞！这是第一个阶段。

在"常催催"的每天坚持下，逐渐成了一种常规，成了一件每天必干的事情。渐渐成了一种习惯，一种固有的惯性，它会影响到一个人的心灵及行动。

其实读书是一个螺旋上升的过程，一开始的时候，往往感觉脑中留存的知识不多，但是坚持下去呢，不知不觉中就发现自己的思路越来越清晰，到最后，会发现很多书中的道理都是相通的，这时你会发现，你已经离不开书了！

博文中学为什么要读书？这是我听过的最好的回答：

读书可以经历一千种人生，不读书的人，只能活一次。

读书最愉快的时候，是你突然发现"我也有这个思想"。

最快乐的时候是，把你本来已经有的，你却不知道的东西唤醒了。

白岩松曾说过："在这个世界上，我还没有看到什么能比读书是成本最低收效最大的投资。""博文中学没有成本，只有收获"，因为宋校长为博文中学提供了"免费午餐"，博文中学何乐不为呢？

第四节　最是书香能致远

"读万卷书，行万里路，交天下友。"宋善玺校长经常把这句话挂在口头。无论学校的会议大小，他都会向老师们宣讲读书的重要性。

"我认为，阅读习惯的养成有很多方面，学校，首先意味着书籍。一所学校可能什么都齐全，但如果没有为了人的全面发展和丰富精神生活而必备的书，或者如果大家不喜爱书籍，对书籍冷淡，那么就不能称其为学校。一所学校也可能缺少很多东西，可能在许多方面都很简陋贫乏，但只要有书，就能为博文中学经常敞开世界之窗的书，那么，这就足以称得上是学校。学校应当成为书籍的王国了。有了书籍就意味着阅读。一个不重视阅读的教师，将永远是一个平庸的教师；一个不重视阅读的学生，是一个没有发展的学生。"

宋善玺校长的观点逐渐被老师们所接受。

立足学校实际，博文中学确立了"建设书香校园，打造特色学校"的目标，制定了《让每个学生终生享有幸福的精神生活——博文中学书香教育建设实施意见》，为学生打好人生幸福底色。

现在，当你走进博文中学，看到的是富有浓郁文化气息的长廊，听到的是朗朗的抑扬顿挫的读书声。走进办公楼、教学楼，迎面扑来的是书香气，墙壁上是名著导读，走廊里满满的是书，教室前，是学子们读书成果展示，走到哪里，你都会被氤氲书香包围着，书香文化在博文已深入人心。

国家中长期教育改革和发展规划纲要（2010—2020年）明确提出"倡导全民阅读"。新课程标准对学生的阅读也提出了具体要求，为学生推荐了阅读书目，要求教会学生阅读方法、阅读技巧，提高阅读效率，增加阅读量。为此，博文中学精心打造书香校园环境，并把读书活动延伸到了社会、家庭，通过书香校园建设走出了一条特色宜学之路。

创设氛围，激发读书兴趣

书香校园建设离不开环境的布置和氛围的营造。良好的读书环境是无声的育人载体，环境氛围在一定程度上说是一种教育资源、一种教育的方式，涵盖着很大的教育意义。为此，博文中学把打造校园书香环境作为书香校园建设的第一步。积极营造浓厚的"书香氛围"，优化校园文化环境，使书香特色和校园文化建设有机相融，努力打造书香校园。在显要位置悬挂宣传标语，"遨游书海，与大师对话，为精神打底""呼吸书香，与经典为友，为人生奠基"……一条条标语，让书香浸润师生的心灵，让浓郁的读书氛围充盈于校园的每个角落。在每座教学楼的墙壁上张贴图书介绍，让面面墙壁飘溢书香。

班级书香文化建设成为班主任工作的重中之重，各班结合本班实际，确定了班级书香文化主题。教室内开辟了丰富多彩的读书园地，做到了班班有主题、班班有特色、班班有口号。宣传栏成了展示"书香少年"风采、交流读书心得的好舞台；黑板报成了介绍读书方法、推荐好书、鼓动读书活动的好阵地。

博文中学墙报、校报、校刊都开辟了书香校园栏目，积极配合读书活动的开展，定期向师生推荐新书好书，交流师生阅读心得，师生在聆听过程中获得滋养，唤起读书兴趣，深受师生欢迎。

活动引领，尽享读书快乐

任何一种教育形式都离不开活动，学生阅读也同样要靠活动来引领。每年博文中学都举办读书节，读书已融入了博文中学全体师生的工作、学习、生活中，成为博文中学不可缺少的一部分。今年，学校就以"中华情，中国梦"为主题，举办了第八届校园读书节。为推进读书节活动的深入开展，学校印发了"致家长的一封信"，还组织了"师生共读共写比赛""快乐读书，健康成长"读书演讲比赛、读书格言征集、捐赠优秀图书等活动，评选阅读之星、书香家庭、书香班级和书香教师。积极开展"每月一本书"师生共读活动，互相交流读书心得，成为师生不可或缺的精神大餐，学生在参与活动的过程中，养成了"爱读书、会读书、读好书"的习惯，享受到了阅读的乐趣；开展"课前五分钟演讲能力"活动，对学生进行听说能力的有序训练，可以叙说古今故事，可以关注身边事物，也可以探讨热点话题，与阅读、写作结合在一起，培养学生综合性的语文能力，提高学生综合的语文素养，使学生具有日常口语交际的基本能力，学会文明地进行人际沟通和社会交往，培养合作精神；图书漂流活动，家长参与指导，让同学们手中的图书漂流起来，实现了图书资源共享，提高了图书的利用率，并在活动中提升学生的综合实践能力。

亲子共读，创建书香家庭

所谓"亲子阅读"就是以书为媒，以阅读为纽带，让孩子和家长共同分享的阅读方式。美国作家崔利斯在《朗读手册》上有这样一段话："你或许拥有无限的财富，一箱箱珠宝与一柜柜的黄金。但你永远不会比我富有，我有一位读书给我听的妈妈。"

长期以来，家校联系密切，定期举行家长会，让家长多方面了解学校的教育目标、教育理念，更好地配合教师做好班级工作，促进学校与家庭，教师和家长之间的沟通。利用这些有利条件，在家长会上特意留出时间进行读书推介活动，提高家长的思想认识，倡导积极购书藏书，构建家校一体的读书氛围，实现读书活动向家庭的延伸。在学生中开展"我和父母共读一本书"活动，撰写读书感悟，家长委员会定期评选学生和家长的读书笔记、读后感。倡导学生家长以加入论坛等方式，参与共建书香校园工程，家校互动，亲子互动，使每个学生都能以读书为乐，使每个学生的阅读水平有所提高。博文中学以家庭藏书量、图书角设计、家庭读书氛围、读书成果为标准，评选表彰了五批"书香家庭"。

书香课堂，提供阅读契机

语文课实施单元整体教学，为学生阅读提供了指导方法和时间保障，设计了阅读指导课、作品品读课、读书汇报课，开阔学生视野，陶冶学生情操，丰富学生生活，培养学生的科学精神、民主意识和良好的道德素养。阅读的形式是多种多样的，内容是丰富多彩的，地点也不局限于教室、图书室、阅览室等场所。

教师读书，争做书香教师

博文中学制订了《教师全员读书计划》，建立教师读书制度，制订周密的教师读书活动方案，组织丰富有效的读书活动，建立高效的读书评价机制。为引领教师读书学习，构建学习型团队，打造书香校园，学校组建高品位的教师书吧，让教师在工作之余，能随手翻阅自己喜欢的书籍，领略一份在书海中遨游的恬静，获得一份静静阅读的乐趣。

学校每学期开学第一次全体老师会都以读书为主题，对教师进行宣传。组织不同形式的交流会、教师读书沙龙、青年教师读书研讨活动、评选优秀读书心得等等。还成立了教师读书俱乐部，吸引年轻教师、骨干教师到俱乐部来。

在博文中学，读书已经成为全体师生感到的幸福事情。张学军老师说：

在博文这几年，我读了一些专业内专业外的书，读书成长了我，幸福了我。越来越爱读书，幸福指数也越来越高。

读苏霍姆林斯基的《给教师的建议》，虽然里面的细节尽管不记得了，但书里面的理念——追求和谐的教育，是不会忘记的。不管是智育、德育、体育、美育还是劳动教育，都是为了追求教育的和谐。使受教育的主体学生和谐发展，成长为对社会有贡献的人。

　　读《正面管教》让我拥有了和善而坚定的理念，对学生的态度要和善，但执行和学生一起制定的制度要坚定。《正面管教》里的管理教育工具很是有用，对我们教育学生和孩子很有帮助。比如"积极的暂停"。2020年4月22号下午第二节课后，我去班里溜达，看到小齐同学在教室里拍篮球，我就问："这是你的球吗？""不是。"他回答。我又接着问："那是谁的？"……我问了三次，他依旧保持沉默，不搭理我。"那好，把球拿过来。"我拿着球就出去了。当我拿着球走出教室就听到凳子当当响，是踢凳子的声音。如果是以前的我，我会立即回到教室对学生大发雷霆，也许还会和学生发生正面冲突。这次，我没有，我脑子里有个"积极暂停"，我当作没听见，把球放在办公室，我就站在教室外面，一会儿看到学生从教室里气呼呼地出来。过了五六分钟，小齐笑眯眯地走到我面前说："老师，那球是四班的一个同学的。"我说："你刚才不是气挺大的吗，怎么不生气了？"他说："老师，对不起，我错了。"我说："教室里不准拍球。你喜欢打球，我拦过你吗？你有时候打球不能按时进班，我说过你没？"他说："没有。""好吧，你下午找我拿球。"下午第一节下课后，小齐来找我，我把球给他，并说："教室里不能拍球，记住了吧？"我也没有讲什么大道理。这次我主动"积极地暂停"，就避免了和学生发生正面冲突。和学生发生正面冲突，也许我们会赢了学生，但我们却输掉了与学生的关系。

　　通过读书，使我明白了事先约定的重要。事先约定，给出选择，在教育管理孩子方面很是受益。我们都知道，现在的小孩子通过电视和手机可以看到很多广告里的玩具和吃的零食，当你带着孩子去超市买东西时，孩子看到什么想要的就会哭着要，需要的不需要的都要买，不能满足要求，就可能给大人使性子。我带我的小女儿去超市买东西，在进超市前先讲好，要买东西只能买一样。孩子毕竟是孩子，走到里面她见到自己想要的还是要买，不买就要哭，手里拿着两三样东西。我就告诉她："我们说好了，只能买一样。"但她不乐意啊，在那哭，我也不急，就站在她旁边看着她哭。如果你对她的哭无动于衷，她就会停下来，我说："你哭完了吗？那就选一样吧。今天就只能选一样，你若想要另外一个，等下次再买。"她看看手里想要买的东西说："我就买这个吧。""好。把其他的放回去吧。"她自己就乖乖地放回去，也不再闹了。这就是事先约定，给出选择。所以，读书可以丰富我们的生活，读书让我们拥有更多的方法去教育学生和孩子，不至于遇到问题束手无策。

读书还提高了自己的写作水平。受华珂如的《一期一会》启发，2019年春节主动参加学校举办的"博文杯"征文比赛，写了一篇《年味》，并获得了一等奖。在2020年特殊的春节，我再次参与了"博文杯"征文比赛，写了一篇《不一样的春节》。作为一位数学老师，我感觉很开心，读书改变了自己，给了我更多的信息，也给了我读书的动力，写作的能力。

八年级物理组的张胜晓老师跟我们谈起了她的读书体会：

自从有了孩子，总感觉自己的日子过得手忙脚乱。也许还是自己太懒散，或者是没有安排好自己的时间，所以，总是很少闲下来读一读自己喜欢的书。但是，这个学期，忙里偷闲，我认真地读完《微教育》。特别感谢宋校长的阅读平台！因此，我才有机会在做老师和做妈妈的道路上，有了更好的成长。

接下来，我想从两个方面谈一谈我读完此书的感受：

首先，我是一位老师，而且是一位理科老师。

在教师这条道路上，我已经走了五年的时间，但是，在教育这条路上，我才刚刚起步。

朱晓平老师说："教育是输入和输出。"其实，小学生最大的特点就是"可塑性"和"向师性"。教师对于他们而言，是极其重要的。也正是由于他们身心发展尚不成熟，所以我们会说："染于苍则苍，染于黄则黄。"更简单点儿，就是我们通常会说的："学生就是一张白纸，我们想要把她画成什么样，她就会成为什么样。"虽然这句话，并不是百分之百的准确，但至少证明了我们对孩子们的影响是极大的。

当我们在班会课上一次次讲解文明礼仪而不见效果时，不如蹲下来捡拾一片垃圾来得更有效果。

当我们告诉孩子要多读书，多练字，不如自己在教室多写写字，多看看书，更能起到立竿见影的效果。

曾经当班主任时，进入班级，班内学生都已坐好准备上课，我看到了地面有两片纸，就问："今天谁是值日生？快来打扫一下。"就在我说话的时候，我弯下腰，顺手捡了起来。我当时并没有批评任何同学，但是从此之后，我再进班，地面都很干净。

我们经常告诉孩子们应该如何感恩。感恩自己的父母，感恩自己的同伴还有老师。不停地输入之后，我发现孩子们渐渐学会了感恩。

他们输出的是如下场景：在家里，会给父母洗脚；在吃饭前，提前为爷爷奶奶、爸爸妈妈准备好一双筷子。

老师生病时，递给老师一盒从家里带来的药；自己有好吃的，和老师分享……

作为老师，由于我们身份的特殊性，其实很多时候我们不但影响着孩子，还影响着家长。

我想，如果你每天都是积极向上的，那么你朋友圈里的家长也会被你带得心中充满阳光。

其次，我是一位母亲，一位一岁半孩子的妈妈。

在我看到《赞美的力量》这一节时，我不禁想到了我的孩子和我的妈妈。因为本身我自己不是一个特别会赞美别人的人。无论是对于我的学生，还是我的孩子。虽然我努力去找到他们的优点，并试图发自内心地去赞美他们。但是，相比于我的妈妈，我还相差甚远。虽然妈妈只有小学文化，但是她赞美别人的艺术要比我高很多。

在我给孩子读绘本的时候，她会在旁边说："石头，妈妈读书真好听！"当我教孩子英语的时候，她会说："石头，妈妈真厉害！妈妈会这么多英语。"类似于这样的赞美还有很多很多……每一次，当我听到妈妈的赞美时，首先，我的心情是特别开心的。无论当时我有多累，或者多么想要放弃，或者松懈一下，当我享受完妈妈简单的赞美之后，我所有的不愉快，所有的疲倦都立马消失了。我想，这就是所谓的"赞美的力量"吧。

最近几天，我和石头一起完成了搭积木，石头很开心为我们鼓掌。对于一个一岁多的孩子，还不会说话的他，能做出这个举动，已经是一种很好的进步！我特别感谢我的妈妈，她教会了我和我的孩子如何去赞美！我想，这也正是我自己以后需要学习和注意的地方。

"人人是老师，事事是教案，处处是学校。"在教育这条路上，我才刚刚起步，希望在大家的陪伴下，我会在这条路上走得更稳、更远！

第五章　幸福教育结硕果

第一节　付出就会有收获

行走在博文中学校园里，你见到的是一张张洋溢着幸福的笑脸，听到的是一个个让人感动的故事。

在博文，有"远""大"教育的领航人宋善玺校长，在追求事业的道路上，他用老黄牛的奉献精神，以永不停歇的脚步勇往直前，并且敢于担当、善于担当、勇于担当；有努力为幸福人生奠基，苦着累着幸福着的像父母、做良师、成益友的老师们；还有，在这片沃土上茁壮成长的孩子们和支持博文的家长们。

"问渠哪得清如许，为有源头活水来。"

为使博文中学的老师不断开阔视野、更新观念、增加能量、提高素养，学校通过各种渠道，广泛搜集一些文章呈送给各位老师，名之曰"能量快车"。"博文一家人"微信群，大家将国内外先进理念、先进观点、科学思想及时与大家分享。半月一期的"博文讲堂"，领导老师同登台，统一理念，共同进步。"青出于蓝而胜于蓝"是每一个看完博文中学团刊《在路上》的感受，学校为学生创办《在路上》是为培养、激励每个同学的学习热情，也给文采斐然的同学一个展示自己的平台。另外，学校先后完成了"厚德载物"文化墙以及学生会信箱、校长信箱的建设；利用校园广播和校园板报为同学们传播传统文化、卫生防疫、预防灾害等方面的知识；在课间和就餐时间，广播站播放适宜音乐，丰富学生课余生活，为师生营造了浓郁的校园文化氛围；开办家长学堂免费培训家长，学校和家长以共同的理念教育孩子，家长教师共进步，学校社会同发展。

袁静静老师自从来到博文中学，在很多方面感到很幸福。她这样表达自己内心的感受："来博文有三幸，得遇好家长，得遇好兄长，得遇好同事。"

今年突如其来的疫情，让老师们的授课方式发生了很大的改变。在博文大家长的带领下，在各位兄弟姐妹的集思广益下，袁老师和其他老师一样，开启了云授课、云管理之路。

这种授课模式大大增加了管理难度，因此，老师们结合班级管理制度制定了适合本学科特点的管理制度。这种管理模式的顺利实施，需要班委、课代表、小组长、学生的积极配合。在此期间，每位学生都尽职尽责，使他们能够在第一时间掌握学生学习动态，并未因疫情而加重工作量。有这样的学生，老师感到很幸福！

有幸福的教师，就有幸福的学生。在云授课的过程中，随着时间的拉长，有些学生出现了倦怠情绪。为了吸引学生的注意力，老师们想到了一个绝妙的方法：在毫无预兆的情况下在学习群里发红包。学生无意识又很兴奋地抢了红包，抢到红包的同学纷纷感谢老师，此时，老师就宣布抢到红包的同学完成指定作业。学生很配合，在这种轻松愉悦的氛围内继续开心地学习。毫无疑问，这个时候的学生是幸福的！

这只是教育工作中最平凡的小事，幸福的事时时发生在人们身边，教师和学生共同走在幸福的路上！

博文中学九年级的语文备课组长魏寨勇，是毕业班的语文老师，因为是毕业班，九年级语文组整天忙于备课，忙于中考研究，忙于学生管理，但他们感觉很踏实，他们知道，自己在做一项事业，一项利万家而功千秋的事业。他们的确很累，除了老师的教学开门五事，还要读书，参加学校的"微笑阅读"，还要写作，自己写作和指导学生写作，为校刊《在路上》选登作品。但他们很快乐，因为他们都在相互督促中得以快速成长。他们很平凡，但是自己感觉很伟大，他们在博文中学很有存在感，处处被赏识，常常被肯定。在这里，他们感觉自己就是家人，就是博文的主人，在以宋校长为核心的大家庭里，他们心中有方向，手中有活儿干，未来有盼头，感觉自己很充实、很幸福！

学校会计李德安兴奋地对我们说："我是博文人，我幸福！"

李德安初来博文中学时，宋善玺校长带他在校园看了一圈儿，介绍了学校硬件建设，教学楼、学生宿舍楼、餐厅、操场、会议室等，讲得很多，既合理又实用，当时他的第一感觉就是校舍就像身上的衣服，只要干净、合体就好。让李德安意想不到的是，这是一所纯粹的民办学校，但是，教学用的一体机等设备，却走在了全县各乡镇中学前面，这实在难能可贵。

随着时间的推移，对于学校各方面的情况了解日益增多，李德安感慨万千。他说："我们的教职工有顽强的敬业精神。我只说看到的一个现象，我在教学楼上办公，与教室、办公室离得很近，经常看到老师在楼道里行走很快，遇见时赶紧走路，看到他们的速度，只能用肢体语言打招呼，情不自禁地会想起一句话，'当你努力奔跑的时候，全世界的人都会为你让路'，我不知道这句话是谁说的，通过这件事大家可想象我们的老师的工作态度，工作效率，教学效果大家有目共睹。"

李德安还告诉大家，博文的校委会是一个凝聚力强、充满激情、充满正能量的领导班子。两个副校长工作能力强、效率高，宋校长当过县审计局局长、县组织部部长，思路清、站得高、看得远，把国内国外顶级教育专家的新理念、新模式融入学校教学中去，通过教职工的共同努力，使学校教学成绩不断创造新高。2019年，学校升入县一中的学生150人，全县民办学校升南乐一中600分以上的共13人，博文中学就占了7人！

博文中学是人性化管理的楷模。李德安刚来学校不久，遇到一件事情，学校给每一位毕业生发了一个书包，当时他在想，这还有什么意义呢？经过一番仔细品味，他终于茅塞顿开，看上去，宋善玺校长送给毕业生的只是一个书包，但是，这仅仅是一个书包吗？不是！这是博大厚重绵长的"博文精神"！它将激励每一位毕业生飞得更高，走得更远！

李德安不仅是一位善于观察的人，还是一个善于思考的人。学校教职工每年过生日的时候，都能收到学校送来的生日蛋糕，同时也收到博文家人们的生日祝福。学校还投入3万多元，为全体教职工缴纳新农合医疗保险。投入30余万元为

40名骨干教师交"五险"。假期期间，教职工工资照发，加班，再开加班费。这不仅在南乐县，甚至整个豫北地区的民办学校中，也是唯一的一所！

2020年8月24日，笔者再次来到学校，分别与学科教师和管理人员进行座谈交流。李德安非常激动地说："学校让我发言，我有点儿兴奋，结果昨天晚上失眠，后来睡着后大脑产生了这样一个梦境：宋校长驾着一架'幸福号'飞机，载着我们全体博文人，向着理想的远方飞去。宋校长让我担任副机长，我深深感到，我们的宋校长不仅是机长，还是领航员，校委会是发动机，几个处室主任是机轮，三个年级组长是机翼，坐在旁边的老师问，宋校长带着我们哪里去？宋校长向前一指，前面出现了6个金光闪闪的大字：豫北一流学校！这时，全体博文人振臂高呼：我们的目标一定能实现！我是博文人！"

李德安老师的话语朴实，却清晰地表达出一个博文人的幸福与快乐！

王丽英老师来博文很多年了，她在学习中成长，在学习中享受生活工作的快乐和幸福。

苏霍姆林斯基说过：教育是一门研究人的学问，没有爱就没有教育。想做幸福教育，首先必须从做一个幸福的人开始。家是创造幸福之根源，只有经营好幸福的家庭，在家庭中被爱，被幸福熏陶，才会在工作中或其他方面释放爱，在教学中，我们才会把发自内心的爱释放给学生，让学生感受到来自老师的那份爱。

所以，在这几年中，王丽英不断地学习成长着，努力经营着自己的幸福之家。让家人随时感受到她的爱，同时，她也收获来自家人们的爱。在家庭中，老公事业不断发展，儿子品学兼优。可以很自豪地说，在家庭中她是幸福的。

近几年不断外出学习，让王丽英学到了很多教学及管理方面的先进经验：从永威中学学到了"先学后教当堂训练"的教学模式，"教师下题海，学生驾轻舟"的训练模式；从石家庄精英中学，学到了6+1的教学模式（即导，思，忆，展，评，检，用）以及"激情教育，精细管理，高效课堂"班级管理模式；从山东翰林中学学到了"小组合作"；从山东明天中学学到了工作流程模式：布置+检查+反馈+纠错+检测+坚持=100%；从立国教育学到了"民主自治"模式，等等。她把学过的这些东西结合学校及学生的实际，形成了自己的一套班级管理模式，即"小组合作+民主自治"模式，在这种模式的管理下，让他们班的纪律、卫生、成绩各方面都有了显著的进步，学生的积极性提高，自我管理能力提升。

王丽英喜欢在学习中成长，更喜欢在学习中幸福地生活工作。

作为一个家长来说，最大的幸福是什么？是自己的孩子开心健康快乐。在这些条件的基础上，自己的孩子成绩也很优秀，无疑是更幸福的。

一位家长告诉我们，今年年初，放寒假那天，孩子很开心，孩子跟她说："妈妈，原来付出真的就会有收获，突然觉得被学习占用娱乐时间也值了，没有时间玩又怎样，每天起得早又怎样，至少我成绩优秀了啊！"是的，上学期期末，孩子的排名进步了很多，做家长的也很开心、很幸福。

八年级（4）班张慧欣的妈妈介绍了孩子在博文中学的成长故事。

2020年注定是不平凡的一年，在新春伊始，一场突如其来的新考验，摆在了全国人民面前——新冠肺炎疫情。

在放假的这段时间，他们的作息时间基本上都是九点多才吃完早餐，孩子基本是完成寒假作业之后，就不愿再复习功课了，完全的自我放纵，沉迷于电视。但令她欣慰的一点是，孩子还是听话的，让她看书时她还是会看，只不过持久性不长，注意力不是很集中。还有一点便是，孩子会偶尔帮她干家务，比如扫地、洗碗、洗衣服等等，在家这段时间厨艺也是大有长进。

因为这场疫情，全国开学的时间都延迟了。但是在这科技高速发展的时代，学校实行停课不停学，网上上课，史无前例，孩子们也感觉非常新奇，所以上课都很积极，反而比在学校有了自主性。孩子每天六点十分左右就起床洗漱，六点半左右开始晨读，直到七点二十左右才开始吃早餐，八点钟准时坐在电脑前，开始这一天的课程。

网课虽然不能与老师进行面对面上课，不能与老师进行课堂互动，听课效果可能不是很好，但是，网课会有回放。她们家孩子基础相对较差，上课时可能有一些地方不是听得很明白，所以，这时孩子便可以看回放，反复看，直到弄明白为止，这样，反而提高了学习效果，孩子如果还有其他不明白的地方，还可以去询问她的堂姐堂嫂。这样，孩子的假期反而更加充实了。因为以前她每周末回家，都是草草地写完作业，应付老师，更不会想着去复习功课，每次跟她说，她都会说周末就应该好好休息，而不是用来学习。

但经历了这个疫情假期，孩子比之前更懂事了。有时候孩子还会像一个小大人一样，在家这段时间进步很大，不管是学习还是在家的表现。

在闲暇时间，孩子也会陪着奶奶说说话，帮着干干家务，陪小堂妹玩玩，看看电视，玩玩手机，放松放松。过了一年，长大了一岁，也变得更加懂事了。在这疫情期间，虽然不能够出门，但却感觉比以往任何一个假期都过得更加充实，更加美好，当然这也离不开老师的教导，因为在学校时，老师每天都在告诉孩子们怎么学习，怎么孝敬父母，只不过现在有了更加充足的时间来完成，这都离不开各位老师对孩子的谆谆教导。

博文给每一个人提供了成长自己、展示自己、成就自己的大舞台，在博文的每一个人，都能扮演着适合自己的角色，都是这个舞台的主角，在这里，他们觉得，只要用心付出，就一定会有大的收获。

第二节　苦着累着幸福着

在博文中学，每天都有太多感人的故事在发生，有太多的人值得赞美，最美孕妈张晓玲老师就是其中一位。

2016年夏天，张晓玲到博文中学任教数学课。她个头不高，但激情满怀，认认真真教学，兢兢业业工作。2018年秋学段学校举行的公开课，她有热情，热情奔放；有激情，激情飞扬。孩子们学习得轻松愉快、有滋有味，十余位听课老师赞不绝口。很多学生因为爱张晓玲老师，也都爱上了数学。

张老师身怀六甲，仍然坚持在教学工作的第一线，从没有因为家中的事情和个人妊娠反应而请过一天假。直到临产的前一天，她还坚守在岗位上，这种忘我的工作精神赢得了广大师生的一致赞誉。

在日常的工作中，张老师也是一样的认真负责，有一次中午已经12点多，学生们都放学了，大多数老师也都吃过了午饭，张老师还坚持在办公室里认真地批改着作业。

针对个别偏科学生，张老师经常利用自己的休息时间为学生补课。李佳薇、马雪萌两个同学的数学成绩不太好，偏科严重，张老师为了不让学生的成绩落下，经常利用自己的休息时间为她们讲解问题，一直到她们理解了，学会了为止。

课堂上张老师对待学生更是充满了爱心和耐心，一次有一个学生没有认真听讲，张老师就把他叫到办公室，结合着班主任老师一起耐心地给他做思想工作，动之以情，晓之以理，直到孩子认识到了自己的问题，并向老师保证以后不会再这样做，张老师才放心地回去工作。

一个人，爱自己的孩子是常情，爱别人的孩子是神圣！

在南乐博文中学，像张晓玲这样的老师大有人在。从某种意义上讲，这也得益于校长宋善玺在选人、用人方面的严格与信任。

建校伊始，校长宋善玺就确立了学校的愿景："建豫北一流学校，育国家栋梁人才。"他向全体师生员工讲，学校的硬件限于目前条件，不属一流，但要通过大家的共同努力，在不长的一段时间内，学校要实现软件上的一流，要实现教学质量、学校管理、校园环境的一流。为实现这一目标，他四处学习取经，要求教职工各项工作至善至美。他提醒全体教职工，要头脑清醒，如履薄冰。在学生表彰大会上，他多次告诫大家："吾侪深知刚起步，前进道路不平整。登山愈高愈艰险，愈高愈险好风景。"正如他在《2013年元旦晚会抒怀》中所写："披星戴月育桃李，甘架云梯舞彩虹。博文弟子多努力，吾侪笑看展鲲鹏。"

宋校长以无私的情怀、宽广的胸怀、亲切的关怀情洒钟爱的校园，用心、用爱、用情抒写一曲曲美丽之歌。自打上任的第一天，他就全身心倾注打造学校特色，用情怀、胸怀、关怀打动人心。在学校门口的大厅里赫然醒目的三句话，可谓是学校的办学宗旨："将每一位家长当作兄弟姐妹，将每一个学生视为亲生子女，将每一节课堂讲成艺术精品。"要培育优秀的学生，必须有优秀的教师团队，在选聘教师上，宋校长要求条件高、标准严，近乎苛刻。在培训教师上，他舍得花时间、花资金，采取"请进来，走出去"的方法为教师们充电，他先后从西安、安阳、濮阳等地请来世界记忆冠军吕超，教育名师王学军、谢德顺、柳文生、路桂芳、丁桂荣等到校传经送宝，并先后十余次将老师送到郑州、中原油田、新乡、焦作、商丘、周口、安阳、德州等地听课拜师。这一招在教学中还真"显了灵"，先进的教育理念、科学的教育方法，有效促进了教育质量的提高，几次市县抽考，学校在全县同类学校中名列前茅。

最近几年，博文中学每年都要开展教师拓展训练。如2018年8月16—17日，学校就组织了全体教职工80余人参加了为期两天的素质拓展训练。在这两天中，大家挑战自我，融入团队，拼尽全力，用实际行动进一步彰显了"团结协作、创新拼搏"的博文精神，实现了熔炼团队、超越自我的蜕变。

2018年8月16日上午，宋校长在开营仪式上首先做了提纲挈领的发言，强调"一个宗旨，三点要求"。一个宗旨，所有教职工要全身心投入到训练中，做到三个忘记：忘记身份、忘记年龄、忘记性别。三点要求：一是培养自身军人的气质和作风，雷厉风行，令行禁止，要有强烈的时间观念，要做到"时间到，队伍成"，力争做学生的楷模；二是践行"团结协作、创新拼搏"的博文精神；三是将培训所学的教学理念、教学方法灵活运用到教学实践中。拓展培训是一种体验式培训，受训人员每参加一个项目训练都深受感触，触动很大。

大家被分成四支队伍，团队协作产生队名、队呼和队歌。经过团队文化组建之后，各队都斗志昂扬，变作劲旅神兵。

在两天的训练中，各队一起完成了如"决战沙场""移花接木""抱圆木仰卧起坐"以及"生死线"等既有趣味又惊心动魄的训练项目。

16日晚上，宋校长与全体教师参加了篝火晚会，在晚会上最令人惊艳的是德育处崔主任，他男扮女装变身摩登女郎与张自肖老师主持了本次晚会。晚会上各队上演了一场场精彩绝伦的表演。特别是郭聚花和常志华老师的《纤夫的爱》，曹奎生老师的豫剧反串，令人印象深刻。在火光的映衬下，在大家的欢声笑语中，晚会圆满结束。

通过快速的磨合，各队的决策者、传达者以及执行者都认清了自己的角色，设身处地为团队着想，完成了一个个艰巨的任务。

特别是最后一个训练项目——"生死线"，博文人可谓是历经艰难，虽然困难重重，但大家依然咬牙坚持；虽已筋疲力尽，但众人却不言放弃；虽已泪流满面，但战士们却毅然前行。此情此景让在一旁观看的宋校长不禁眼睛湿润……

身体不适的马校长顶着病痛和老师们并肩作战，他甘做人梯，踏着他的肩膀跳跃"电网"的人达七八十人次，累计一万余斤！

李艳霞、李会敬两个女指挥官，先人后己，经历了比其他战友更多的磨难！

在闭营仪式上，马校长告诫全体教职工要不断拼搏，做好沟通，提高执行力，为做好教学工作打好基础。

最后，宋校长对受训学员提出了两点要求。一、认准自己的角色，扮演好自己的角色。二、融入团队，努力把自己的工作做得更加出色。

老师们坚信：在宋校长的领导下，博文人将不忘初心、砥砺前行，"豫北一流学校"定会指日可待！

学校素来注重青年教师的培养，通过讲座培训、青蓝结对等多种形式，实施青年教师锻造工程。

2018年12月27日上午，常振华校长在青年教师培训班上作了专题讲座。主题是"抓师德师风建设，做四有好老师"。开篇，常校长便告诫青年教师"百年大计，教育教师为根本；教育发展，师德师风是关键"。

首先，常校长对教师、师德、师风进行了解读。他讲到教师是指传道、授业、解惑者，师德是指教师的职业道德，师风是指教师的行为作风。常校长用"走上三尺讲台，教书育人；走下三尺讲台，为人师表"来对教师的本质做了进一步诠释。

接着，常校长教导青年教师应具备"四有"，即有理想信念，有道德情操，有扎实知识，有仁爱之心。做学生锤炼品格的引路人，做学生学习知识的引路人，做学生创新思维的引路人，做学生奉献社会的引路人。

之后，常校长讲述了《教师职业道德规范》的六点要求：

1."爱国守法"——教师职业的基本要求。

热爱祖国是每个公民，也是每个教师的神圣职责和义务。建设社会主义法治国家，是我国现代化建设的重要目标。要实现这一目标，需要每个社会成员知法守法，用法律来规范自己的行为，不做法律禁止的事情。

2."爱岗敬业"——教师职业的本质要求。

没有责任就办不好教育，没有感情就做不好教育工作。教师应始终牢记自己的神圣职责，志存高远，把个人的成长进步同社会主义伟大事业，同祖国的繁荣富强紧密联系在一起，并在深刻的社会变革和丰富的教育实践中履行自己的光荣职责。

3."关爱学生"——师德的灵魂。

亲其师，信其道。没有爱，就没有教育。教师必须关心爱护全体学生，尊重学生人格，平等公正对待学生。对学生严慈相济，做学生良师益友。保护学生安全，关心学生健康，维护学生权益。

4."教书育人"——教师的天职。

教师必须遵循教育规律，实施素质教育。循循善诱，诲人不倦，因材施教。培养学生良好品行，激发学生创新精神，促进学生全面发展。不以分数作为评价学生的唯一标准。

5."为人师表"——教师职业的内在要求。

教师要坚守高尚情操，知荣明耻，严于律己，以身作则，在各个方面率先垂范，做学生的榜样，以自己的人格魅力和学识魅力教育影响学生。要关心集体，团结协作，尊重同事，尊重家长。作风正派，廉洁奉公。自觉抵制有偿家教，不利用职务之便谋取私利。

6."终身学习"——教师专业发展不竭的动力。

终身学习是时代发展的要求，也是教师职业特点所决定的。教师必须树立终身学习理念，拓宽知识视野，更新知识结构。潜心钻研业务，勇于探索创新，不断提高专业素养和教育教学水平。

最后，常校长给大家总结了师德师风的六个意识：

师表为范——师表意识；

德育为首——育人意识；

容人为怀——胸襟意识；

教学为主——课堂意识；

质量为上——质量意识；

自省为本——自省意识。

2019年9月27日上午，博文中学40多位新入职老师再次欢聚一堂，聆听教务处王利凯主任的讲座《做有成长力的老师》。

王主任从五个方面告诉大家做有成长力的老师的重要性及如何做一个有成长力的老师。

一、成长让教师拉开距离，螺旋式的上升模式是教师成长最有效、最快的模式。一个老师不能总是被培养，要给自己创造机会，自己培养自己，学习成长不能等。教师要有专业素养和成长意识，不做庸师。

二、生命中最值得投资的是自己。每个人本身就是一个最好的银行，投资最好的方法就是学习，永远不要低估自己自我改变的能力。时间是公平的，对时间的态度不同，结果就不同，合理安排利用自己的时间，不断攀登人生新的高度。

三、找到最适合自己的成长方法。天道酬勤，亦酬术。只要你想成功，有很多方法等着你。静下心，目标专一及重视阅读是成长的最有效途径。方向比努力重要，目标比勤奋重要；阅读是优秀教师专业成长最常用、最便捷、最实用、最省钱的方法。

四、教师专业成功决胜于课堂。要突破教学思想心理定式，认清教学的本质。知识是学会的，不是讲会的；能力是练出来的，不是听出来的。有效课堂源于有效备课，源于科学的课堂管理。教师的真功夫在课堂上，要把有效课堂作为自己一生执着的追求。

五、让专业成长笑到最后。青年教师要树立"为自己工作"的概念，做不抱怨的老师，善待他人。成功不仅靠技术方法，更要靠坚持不懈、持之以恒。

王主任的讲座让大家明白，青年教师成长要有耐心，有恒心，有毅力，不可急于求成。得与失，荣与辱，成与败，誉与毁，一切都淡然一点。不以物喜，不以己悲，要拥有一份好心态。

李志蕊老师在《教育学》杂志上发表一篇文章，题目是《苦着累着幸福着》：

看到这个题目你可能会觉得很奇怪，既苦还累，又哪里有幸福可言呢？那是因为你不了解我们博文中学，不了解我们的教学管理和后勤保障制度。如果有一天你能深入这座学校，你也会有一种浓浓的幸福感，也会像我一样深深地爱上她。

我是2014年4月才应聘到这所学校来的。虽然到这里仅仅两年，但我的经历已足以说明这里的老师有多么的幸福。

上班伊始，了解到我家中的孩子幼小，领导就直接对我说，在做好本职工作的前提下，可以适当地晚来早退，以便于照顾家中的婴儿。六一儿童节，学校细心地给教职工子女准备了礼物，宋校长还写了一封温暖慈爱的信，亲切地把这些孩子们称为"博文宝宝"，表达了对他们的殷切期望和关心。在父亲节母亲节到来之际，学校又帮员工们准备了温馨的小礼物送给父母，对这些"博文父母"支持子女工作表示感谢，并为他们的子女因忙于学校工作不能陪伴在他们身边而致歉。全校教职工无论谁过生日，学校都会准时送上一个大大的蛋糕和美好的祝福。年终春节，学校更是组成慰问团，去给困难职工拜年，送年货，发红包。

哪位教职工家里有困难，学校领导都会尽力帮着解决，哪位教职工或职工家属身体不舒服，学校领导也会登门探望，甚至派人陪护。即便是只签订了工作意向还没正式上班的员工，领导也是关心备至。比如岳老师因家中盖房资金困难，学校积极帮忙筹措；职工武爽孩子患病在北京住院，校领导不断询问治疗情况，并帮着解决相关医疗费用。刚应聘到校的曹老师，在开始上班的前一天，丈夫突遇车祸不幸去世，校领导知道情况后，立即前去慰问，帮助料理后事，还送上了1 000元的慰问金，令曹老师感动不已……校领导班子真是想教职工之所想、急教职工之所急，一切从教职工的角度出发，全方位地做好保障工作，令我们没有后顾之忧，可以全身心地投入工作之中。试问在这样一个充满爱和尊重的环境中，谁还能感觉不到幸福？

一所学校教学质量的高低，取决于教师的素质和业务能力。学校要做远大教育，树百年名校，不仅要为学生的终身幸福莫基，也要为老师的终身幸福莫基。为此，学校除了在生活上为老师解除后顾之忧外，在对老师进行综合素质和业务能力培养上更是不遗余力。

　　为了让老师们开阔眼界，解放思想，跟上最新的教育潮流，学校除了不惜巨资分批送老师远赴广州、重庆、北京、山东等地参观学习，参加各种比赛之外（这是我在原来的单位想都不敢想的奢望啊），更是充分利用各种机会给老师随机充电，补充能量。比如学校多次聘请省内外名师丁桃红、孙永芳、王学军等到校指导，与我校老师面对面交流，进行手把手指导，极大地提高了我们的业务能力。比如每月两次的"博文讲坛"，定期为大家推送各种最新教育信息和教育理论以及教学方法等；每周不定时推送的"能量快车"可以让大家看到各种不同风格的有关教育教学的美文；为了让大家更方便地查阅书籍，学校斥巨资兴建了藏书丰富的图书馆，其中仅宋校长个人捐献的书籍就达两万余元；为了调动老师读书写作的积极性，学校甚至还设立了"我爱读书奖"和"优秀论文奖"。在学校的鼓励下，全校老师积极进取，努力学习，形成一种"比读书""比学习""比工作"的良好氛围，不仅教师自身得到了成长，学校整体教学水平也得到了明显的提高。在2016年中招考试中，博文中学升学率在全县名列前茅，有五名同学考进全县前十名，续写了博文"中招"史上的辉煌。在这个能更好地帮助自己成长，能提供各种展示自己风采的机会，能时时给自己带来惊喜和希望的环境里，还有谁会感觉不到幸福呢？

　　作为一名老师，每天顶着星光出门，踏着月色回家，永远把学生装在心里，根本就没有上下班之说。在别人喝茶聊天的时候，我们在埋首备课，批改作业；在别人美容、逛街的时候，我们却顾不上拂去头上的粉笔灰，急匆匆地回家洗衣、做饭。无论我们飞得多高，总越不过那方讲台；无论我们舞得有多美，总离不开那块黑板。既苦又累，这是天下所有老师的共同点，不同的是，我们苦着累着也幸福着、快乐着，因为我们没有后顾之忧，因为我们拥有前进的动力，拥有美好的希望，因为我们在博文中学！

朴实的话语道出了博文中学老师们的心声。

这里要特别说一下李艳霞老师。李老师河南师大地理专业毕业，是博文中学一名十分优秀的班主任和地理教师。

她曾任2015级2班班主任，博文中学团委副书记、地理组备课组长，多次受到县团委和学校的表彰。

年初的一天上午，在上班的路上，李老师捡到一个小手提包。当发现里面有现金、银行卡、手机等之后，她想失主之所想，急失主之所急。看到手机里面的联系人大多是职业中专的老师，就主动给职专的老师联系，想方设法在第一时间找到失主。失主见到她万分感激，专门送锦旗到学校，表达对李老师的真诚谢意。

李老师在工作岗位上兢兢业业，做事细致入微，精益求精。学生入团手续比较复杂，校团委开展的活动也比较多，李老师每次都是亲力亲为，所有的入团手续都要经手。学校校园内外的宣传版面也都是她亲自设计，经常加班加点，奉献精神令人钦佩。

作为一名班主任，她可谓"大爱无疆"。她天不亮就到校，和孩子们一块跑操；夜深了，看着孩子们安静地就寝了，她才拖着疲惫的身子回去。怀孕好几个月，大腹便便，她依然在坚持。她全面深入了解学生的家庭情况、学习情况和思想状况，时时刻刻把握着孩子们的思想脉搏。对一些家庭情况特殊的（如父母离异）以及留守儿童，她更是无微不至地关心呵护。对学生"爱得深""管得严"。班级管理各个方面井然有序，所任班级几乎每月都是"文明班级"。

她充分备课，积极探讨课改新路径；她深爱严管，学生深受其益；她业务精湛，精益求精，教学成绩在全县二十所中学中名列前茅。这就是普通而又优秀的李老师。

而最让人感动的是，她在临产前还在坚守工作岗位。作为一名优秀的地理老师，为了学校地理学科全面发展，身为备课组长的她事必躬亲。即使在临产前，她还精心准备了一节公开课。但因身体原因，孩子早产一个礼拜，准备的公开课没能展示。她前一天还在学校工作，第二天生下小宝宝。她的敬业精神令人感动。

有李老师这样品格高尚、爱岗敬业的老师，是博文中学的幸运，更是莘莘学子的幸运。

第三节　感受成长的快乐

学校教育的所有要义，都是为了学生的健康发展。

博文中学立足于让每一位学生都在这个博士的摇篮里习得广博知识，发展健全人格，实现全面发展，成为社会栋梁。为了实现这一目标，学校为学生搭建了N个平台，创建了若干空间，组织了一系列活动，力求让每一位学生都实实在在地感受到成长的快乐。

让我们先来品味一下高皙同学体验的《北京五味》，从中你可以领略博文中学学生的风采：

今年暑假比较特殊，因为参加"第十三届全国中小学生文化作文大赛北京总决赛"，我比同学们早几天放假，又晚几天放假。照爸爸的说法，我这是要"进京赶考"。赶考就赶考吧，只是万万没想到，这短暂的六天五夜，却给我留下了终生难忘的印象，让我感受到了人生的"酸、甜、苦、辣、咸"。

酸，是属于肌肉的。刚去的时候，回来的时候，在路上的时候，总是背着沉重的行囊，里面不仅盛放着换洗衣物等必需品，也承载着老师同学和家长的殷殷期望。我们背着它，走过北京长长的环形桥，穿过北京的大街小巷，到达居庸关长城、故宫博物院、清华大学以及决赛现场，但无论多累，我们始终不曾放下。每天十几公里的徒步参观考察，使我们身体里流淌的不再是血液，而是柠檬汁，浸润得每一块肌肉都是酸酸的。

甜，是属于感受的。在整个北京之行中，无论走到哪里，无论什么状况，都有老师同学的相伴，任何时间、任何地点，我都不会孤独。每次回头看到老师的脸庞，我心里就会感觉甜甜的，觉得那是一种甜蜜的依靠。到了游学的最后一天，举行颁奖典礼的时候，看着眼前的一打获奖证书，我心里特别激动，有没有我的名字？听着主持人念二等奖名单的时候，多么希望不要念到自己的名字，越往后才越好呢。但是会不会也有没获奖的同学呢？我真是越来越忐忑。直到听见一等奖名单中有我的名字时，悬着的心才算放了下来。一等奖，还不错，刚才的忐忑霎时化作了甘甜。

苦，是属于心情的。在到达每一个景点时，远远地就能看见墙壁上的凹凸不平。我们走近观察，却发现那上面记载的，不是祖先生活的点点滴滴，而是现代人的印迹。在阳光下令人触目的，是英文字母，是某人的名字，是到此一游，是涂鸦的壁画……是深深的烙印。我疼，为这历经千年而毁于一人的历史遗迹而疼；我苦，为他们最初的创建者的心血被糟蹋得面目全非而苦。

辣，是属于皮肤的。这几日北京的天气不算太热，但也并不怡人。奔走在阳光下，皮肤晒得热辣辣的疼，好像跑到了土著人的村子，成了他们架在烤炉上的午餐。当我们的肉快要被烤熟的时候，再被刷上几层辣椒油，接下来便是他们声声欢乐的叫喊了……

咸，是属于汗水的。印象最深刻的就是爬长城的时候。汗水从毛孔里挤出，从额头，鼻尖上落下，落到千年的古长城上，又立刻被蒸发殆尽。汗水有时滑落进眼睛，有时滑落进嘴唇，都是咸咸的味道，汗水湿透了衣服，又被阳光快速蒸发，再湿透衣服，再被蒸发，如此再三，以致我们每个人的身上都是一股咸咸的汗味！我们还仅仅是爬了一下长城而已，想想修建长城、故宫、鸟巢、水立方时的人们流的汗，是不是比我们更多？与我们比，他们岂不是要被晒成咸鱼？！

……

美好的相聚总是短暂的，无论多么舍不得，还是要说再见。怀揣着北京"五味"，怀揣着新的理想与抱负，怀揣着故宫的厚重，万里长城的巍峨，奥林匹克公园的雄伟和天安门广场的庄严，我满载而归。

北京再见，文化作文再见。

这篇文章不是很长，但是，作为一个初中学生，当她被学校搭建的平台经过个人亲身经历与体验，能够有如此深切的感受，特别是文思泉涌，写出这样让人感同身受并且记忆犹新的美妙文章的，在全国也可以说得上是凤毛麟角。

当今时代，在全国的绝大部分学校，因为一些难以表达的原因，学校取消了很多本应该在孩子成长过程中为他们创设的经历环境和过程，学校的学习经历就演变成了简单得不能再简单的"两点一线"式的模式：学校——家庭、教室——宿舍，孩子们在成长过程中本应经历的很多东西被困囿在逼仄的校园里，天空不再宽广，"丑小鸭"也难以变成"白天鹅"。

高皙同学的一次北京之行"酸、甜、苦、辣、咸"的五味体验，定会让她记忆终生，受益终生。

从高皙同学的经历，我们感受到博文中学对于学生教育的非凡理念，为了让学生经多见广，让学生的阅历更加丰富，博文中学实在是煞费苦心。

试想，当学生有了这么一段经历，有了这么一番拼搏，并取得如此丰硕的收获，这难道不是他们人生的一笔不可多得的精神财富么？

一个少年，有了这样一段阔达眼界、丰富胸襟、提升志向的远途经历，试想他们的未来，将是怎样的一种壮怀激烈？

也许，外出的经历有太多的不可预知，因此，收获也就不可预设。但是，同样在博文中学学习的孩子，却有着更切身的感受。

杨佳微同学的家长记录了《博文幸福二三事》：

从小学到初中孩子的各个方面都发生了变化，给我带来了许多惊喜。

在小学时，孩子上课需要在黑板上抄题，同学们按上面的做，因为老师太忙，便交给了学生，几乎每次回家看到孩子手上脸上都是粉笔沫子，问了孩子才知道原因。虽然可以锻炼孩子但还是觉得这样会耽误学习。到了博文中学，孩子每次回家都会高兴地告诉我，不用粉笔抄题，每科都有相应的学习资料，上课用电子课件，而且老师们也都很关爱每一个学生。

感谢博文中学给了孩子们一个温暖舒适的生活环境，学校的教室、宿舍里都安装了空调，冬天也不会冷了。睡觉时还有宿舍老师会提醒同学按时睡觉，注意卫生，晚上老师还会来宿舍和同学聊聊天。若是生病了，老师都会及时通知家长或者直接去医院。在这里向老师们说声谢谢！饭菜也从小学的单调变成初中的多样，孩子也不会挑食了。每天老师都会提醒孩子多喝水，不易生病。

在学习上，老师都会督促学习，尽职尽责，将学生划分领域互相帮助，共同学习，共同进步。课外活动也各式各样，小学时表演的节目都是老师指定的，一般都是跳舞、演讲。到了初中以后，学生可以根据自己喜好选择社团。每年都有一次运动会，每大周都有大扫除和优秀班级、学生，宿舍评比。让孩子在学习外得到兴趣的培养，身体的锻炼，并养成良好的习惯。

现在疫情期间，学生只能在家上网课，刚开始没有课本，老师发来电子课本，为了减少手机的使用，老师中间安排发送了纸质课本。快开学了，老师为了让孩子努力学习，不松懈，开了一场班会。但是时间又推了，老师担心学生的学习情况，还进行了家访。没有伯乐就没有千里马，感谢各位老师的悉心栽培。

没有华丽的语言，没有豪言话语，但是我对校长，对各位老师的感谢不会减少一分。

对于孩子的思维，对于孩子的历练，对于孩子的成长，家长是感受最深的，毕竟每一个孩子都是家长的心头肉。让我们且来听一下博文中学八年级6班徐嘉铭妈妈的《幸福时刻》：

每个家长的幸福是什么？无疑是看到自己的孩子一天天进步，越来越懂事，学习成绩越来越好。

记得妞妞刚上学的时候，学习成绩非常好，我心中感到很欣慰，可是到了五年级时，由于各种外在原因导致她的数学成绩直线下降，甚至到了不及格的地步，我心里很着急，每天晚上我都要给她辅导到深夜，但效果甚微。考上初中后，虽说孩子很努力，但不知道怎么回事，数学成绩就是不见好转，连英语也下降了很多。随着成绩的下降，脾气也越来越差，这种情况让我非常着急。

妞妞上八年级时遇到了她的"灯塔"——仇晓静老师，在老师的帮助下，不但考试成绩一次比一次好，还学会了做自己力所能及的事，学会了自律自强，懂得了尊老爱幼……我又看到了那个活泼开朗、充满阳光的妞妞。她每次见到我，说得最多的话就是："我数学老师……我数学老师……"看到孩子一点一点地成长，我感到了满满的幸福！

这次因疫情在家学习，她每天上课、做作业都不用我操心，而且老师还经常表扬她作业的正确率高。更让我欣慰的是，她还帮助其他同学解决问题，与同学一起进步。我看到这一幕，真的很感谢自己当时执意要把妞妞送到博文中学的决定。这一刻，我真的很幸福！

幸福之余，我心里满满的都是对博文中学老师们的感激之情，感谢你们帮我教育出一个活泼、开朗、懂事的孩子！在此，我真心地谢谢你们——博文中学的老师们！

作为一个学校，学习的阵地不仅在教室，其实校园内外也都是课堂，在这一点上，博文中学创设的"博文大讲堂"是一个很好的创意，也是一个很好的平台，在这里，学生们可以尽情展示自己的所思所想，可以尽情表达自己成长的快乐。我们来听一下九年级6班张子博同学的心声——《学习使人进步》。

我是来自九年级六班的张子博。今天我为大家演讲的题目是《学习使人进步》。

首先我们必须明确，此时此刻站在操场上的我们最重要的任务就是学习，我们所处于的这个年龄，我们所应该做得最正确的事情就是学习，对自己对家人这都是我们义不容辞的责任和义务。不要多想学习之外的其他事情，要做好现在的自己。

其次，我确曾有过一段外出打工的经历，现在重返校园，期间我感触颇多。现将某些基于自身经历的想法及看法整理如下：

无论走到哪里，都是要学习。这是我感触挺深的一方面，可能厌倦枯燥无味的学习生活离开校园，但是发现外面的大世界，还是要求我们学习，因为，若想使对方接受你就必须给对方提供自己的价值，可是三百六十行，揣着那么低的学历终究是毫无用处的，充其量也只是认了个字。

外面所要求的方方面面标准太高，对我们提出的苛刻程度难以想象。比如我在弃学之后，第一个去某地本家亲戚那里去学做面包，到了那儿，面对着各式各样的面包和调味料等，我都叫不上名字来，有的名字还不会念，对于制作面包的仪器使用方法和查看数据，弄得晕头转向，有时候稀里糊涂，制作完成了，端出去给客人品尝的时候，我必须要操着一口蹩脚的普通话。记得有一次客人问我关于面包的问题，我冥思苦想，说不出面包的学名，后来，又被他下一个问题整蒙了，他问这面包是用什么原料做的呢？其实，我将配置方法记得一塌糊涂，有的原料学名都叫不准，更是没见过，让我将面包配料讲清楚是难上加难。最后，我不得不向顾客道歉，尴尬收场。

就冲这些，也还要学习呀，"做面包和配置的技巧，真正合格的日子起码要半年，真正能做出好面包来，起码要用三年。"我的主任大厨这样告诉我。他还经常叫我看火炉，如果烤过了火，那么一整笼面包就都是我的了，至于钱，要从可怜的学徒工资里面扣。然后主要就是从早七点到晚十点，一天天不断地工作，除了吃饭，没有休息时间；一天到晚特别累，累得晚上躺在床上就能睡着，而且没有节假日，日复一日皆如此。而且学习做面包我认为比学习课本知识要难得多。

我也曾到过对于技术要求不高的工厂工作，却依旧是起早贪黑一遍遍重复着像机器人一样一套的相同的动作。网络上有句很形象描述这类工作的话，"一顿操作猛如虎，一看工资两千五"。所付出的劳力与收获不成正比。

所以说不学习我们就没有立足之地。我们要热爱学习，做一个有价值有能力的人，我们才可能为自己争取更多公平，我们的时间还很长，我们的路还很远，我们要争取做最优秀的自己，加油吧！

就是这位张子博，2018年考入了南乐县职业中专高中部学习，高一全县统考，他的考试成绩居全县文科第一名。毕业前被学校授予"金不换"称号。

博文中学的学子的确个个不同凡响，一个初中生，能够用文言文表情达意，与大家分享自己的简介和志向，让我们大开眼界。

且来听一下博文中学九年级3班周艺凯同学的《留点志气给自己》：

吾乃一鱼，游弋于学海之中，忽顾而叹："三年已过矣，然吾之志向何在？"遂思，吾应留志于己，以示志气。

志之所有，金石为开，进取心首也，可曾记周树人先生乎？立下大志，欲救国人，远渡东洋，寻求医之道，受尽嘲讽，忽幡然省悟，毅然弃医从文，欲以雷霆之文字，唤国人沉睡之心，于是乎，书《狂人》奠近代文学史开端，作《阿Q》笑人世间之媚态，自嘲曰："横眉冷对千夫指，俯首甘为孺子牛。"如此之孺子之牛，吾之志安能及？故曰：有志之士，以天下为己任，此乃进取心是也，观树人，无不极也。

功不在猛，但求有恒，恒心其二也，可记春秋之重耳乎，国政变而流亡民间，然其何时忘复国之志哉？可知楚王曾于酒酣之际蔑其人，然耳以正色相对，言辞铿锵惊四座，屈楚王，其志何人可撼？然反观其事，若之于齐，临淄为酒色所蔽，为齐姜所迷，可有春秋霸业乎？此乃恒心是也，观文公，吾不至也。一时一日而成之计划，吾当行几日？叹恒心我所欲也。

"非淡泊无以明志，非宁静无以致远。"淡泊之心重之重也。试想三国刘豫洲，兵败下邳，伏蛰荆襄十有八载，蔡氏宗族不曾讥讽？曹阿瞒不曾破城？然，而喜怒哀俱在其内，面不改色在其外也。寿赞曰："先生弘毅宽厚，知人待事盖有高祖之风，英雄之器焉。"如此之平常心何人可及？然又观他人，孙文举四岁让梨，十岁即有"小时了了"惊四座之言，如此之奇才为何为曹操所杀？心直口快，常怒曹耳。若其人有刘备之淡泊心，岂得如此？观豫洲吾不如也。

古之成大事者，非唯有超世之才，亦有异于常人之志，需要进取之力，坚持之毅，无为之而静，而后方可成大事业，吾辈之志安能不在乎也？

吾辈应立鸿鹄之志，效宛雏之志，为明朝而奋斗！留志于己，彰显志气；留志于己，道远路广，留志于己，精彩万绮。

这篇美文的作者周艺凯同学现在是南乐县实验高中的学生，上面这篇演讲稿被辅导老师郭聚花推荐，发表于《新作文（初中版）》2019年第1—2期合刊，这已经成为周艺凯同学的一笔不可多得的精神财富。

在老师们的精心培育下，博文中学的学生们作文水平不断提高，仅仅在《新作文（初中版）》发表优秀作文的就有很多人。2018年第9期该刊发表了九年级5班李嘉欣同学的文章，我们来欣赏一下《那一片雏菊花海》：

又见过了那样的雏菊。一片灿烂的黄色展现在眼前，像一片兀立在地上的花海。远远望去，只见一簇簇毛茸茸的小球，靠近一看才知道那不是小球，而是一片片花瓣紧紧相簇。

秋意正浓，那开满雏菊的小路上却没有赏花的人，只有极少的蜂蝶在花中翩翩起舞。

"我在开花！"它们在风中微笑。

"我在开花！"它们又笑着嚷嚷。

花儿们都竞相开放，颜色单一，却又如此美丽；那一片黄色仿佛是沉淀下的冰晶，每一片花瓣都如此坚定，紧紧相拥，不离不弃。我的视线再也离不开了。

我没有去摘下它们，因为老师说过：万物皆有情，如果摘下它们还有谁会为孤寂的秋天增添色彩呢？我站在它们面前久久伫立凝望。它们随风摇曳，飘舞，带走了我心中压抑的痛苦。

除了那醒目的颜色，还有那浅浅的香气，而香气似乎也被染成了黄色。我忽然想起祖母家门口也有一大片雏菊，祖母生前最喜欢雏菊，对那片雏菊照顾得无微不至，可在祖母去世的第二天，那片雏菊变得非常苍凉，一点生机的样子都没有。那时我伤心地认定，世上再也不会有如此美丽的花了，祖母不在了，那片花也不在了。

花和人都有各种各样的不快，但是时空的长河是源源不断的，它可以抚慰一切伤痛。我上前抚摸那些黄色的雏菊，那里承载着生命的希望，它们张开了帆，带着对祖母的思念随风舞动。

在这黄色的光辉与芳香中，我毫不犹豫地大步前进。

"景，孤寂得美丽；情，幽怆得凄伤。花，开在了无人处；人，逝在了思念中。一朵朵并不漂亮的雏菊却绽放着异样的美丽，文章借景抒情，由物及人，作者由朴素的雏菊花寄托对祖母的哀思，行文悠悠道来，看似轻描淡写，实则字字含情，句句泣泪。托物言志，由事及理，文末升华主题，意犹未尽，小小年纪能顿悟人生要义，可贵！至于比喻、拟人、对比、通感等修辞和手法的综合运用，信手拈来，浑然一体，实属难得！"

指导老师魏寨勇的评语对李嘉欣同学进行褒奖，对学生给予莫大的鼓励。

快乐地学习，幸福地成长。在博文中学，学生们真正体验到了成长的快乐！

第四节　幸福洋溢在心头

尊敬的宋校长：

您好！您的关心已收到，只因上课时间紧迫，没及时回复，还望包涵。见信息很高兴，也很愧疚。高兴的是校长您还一直惦念着我；愧疚的是我离开您已有三月有余，却没有给您一次问候。

红了樱桃，绿了芭蕉，时间过得很快，我来到这边后，又是接任了九年级的课程，时间上挺紧，早5：50起床，晚10：20放学，以至于没有及时给您问安。其实我每每躺下，您的音容笑貌就会浮现在我的眼前。

首先感谢您搭建"博文中学"这个很好的工作平台，让我在那里受到栽培和关怀，让我在任何时候内心都洋溢着感激之情，一路走来，在博文，我收获了太多太多，但由于个人原因，不能为学校辉煌的明天继续贡献自己微博的力量，为此感到深深的歉意。

说实话，我走进博文，就如同走进一个温暖的家。在博文，我工作并快乐着；在博文，我耕耘并幸福着；在博文，我充实并成长着。我喜欢在博文工作时的感觉，领导让我敬重，同事让我感动，在朝夕相处的日子里，那些辛勤工作、默默奉献的身影，那些孜孜不倦、一丝不苟的形象无不激励着我，鼓励着我！一路走来，我的内心充盈着温暖和感动，可是有太多的感动无法落在纸上，试着采撷几片温暖记忆，让我蓬勃的心绪得以宣泄：

我第一个竖起大拇指赞的就是我们博文优秀的管理团队。我们博文中学有一支朝气蓬勃，积极向上，团结协作，和谐奋进，相亲相爱的团队。理念超前、可亲可敬的宋校长您是我成长之路上的领航人，您非凡的气质，敏捷的思维，令我羡慕，让我敬仰。勤奋好学、以身作则的马校长是我工作和生活中的知心人，他对工作的敬业，对员工的民主和帮扶，无声地激励着我，让我佩服，感动。爱岗敬业、经验丰富、极具号召力和雄魄力的常校长，他对教育事业的执着追求，让我佩服得五体投地。还有处事干练的田主任，以诚相待的王雪芹主任，做事踏实的王利凯主任，动作麻利的侯主任，执着认真的苏主任，经验丰富的魏主任，凡是求实的常主任……我都要真诚地感谢他们，是他们让我真真切切地看到和感受到博文人身上所散发出的个人魅力，他们每个人在工作中表现出来的优秀品质是我学习的榜样，也是我前进的力量，能和他们一起共处和共事，是一种荣幸，也是一种幸福。

让我第二个竖起大拇指赞扬的是我所遇到的好搭档，好姊妹——郭聚华老师。每天，她那阳光灿烂的笑容总能让人精神焕发，她那热情贴心的问候总能让人温暖和舒心。李志蕊老师好学上进，虚心求教，认真踏实的工作态度时刻提醒我也要更加认真地工作，以身作则，做好榜样。宋志霞老师，何素娟老师等，对同事的热心帮助和以诚相待，对学生的悉心照顾和无微不至的呵护，对家长的真诚交流和善解人意，都值得我好好学习。还有性格豪爽，风趣幽默的郭慧娜老师，小小年纪对班级管理得游刃有余，井井有条，令我刮目相看，他们都是我学习的榜样与动力。

我再次竖起大拇指称赞的是我们博文中学的莘莘学子，他们从刚入学的成绩"不怎么样"到上中等，再到全县第一名，步步前进，节节高升，这些都离不开领导的英明决策和老师们的辛勤培育，更离不开学生们的刻苦努力，他们懂礼仪，守纪律，一步一个脚印地走下去，然后走出了属于自己的一片天。

博文中学，带给我工作和生活中很多帮助，给予了我实现自身价值的机会，使我积累了工作经验，不断地成长，教会我很多为人处世的道理，所有这些都是我所珍惜的，感恩博文，感恩宋校长，感恩与我朝夕相处的兄弟姐妹们。在我的人生长河里，博文中学，就是一朵幽香的小花，开在我心的某个角落，永不凋谢！

这是2020年12月2日上午，宋善玺校长收到曹奎生（河北大名人）从邯郸发来的信息。

在此之前，因为挂念曹老师，宋校长给他发了一条短信：

曹老师好！在那里工作一切都顺利吧？博文是你曾经奋斗过的地方，这里有你一大批朝夕与共的战友，有你十分熟悉的工作环境，在博文前进的历史上有你浓浓的一笔。常回家看看！

其实，像曹奎生老师这样因为家庭原因无奈离开博文的不止一人。而无论是谁，无论何种原因离开，宋善玺校长从来都是把他们当作自己的家人看待，这一点，让所有在博文工作过的老师都从心底里真真切切地感受到。

我想，当初宋校长给学校命名为"博文中学"，是有很多含义的。

先来看看学校的校徽。

整体设计为圆形，由图案和文字两部分组成。图案部分为"博文"首字母的变形，其中黑色的"B"犹如一个头戴博士帽的学生，显得严肃庄重；红色的"文"则像一个运动的少年，又像一个舞动的少女，彰显着青春的活力，整个寓意是"博士的摇篮，文明的基地"，博文的孩子文武双全。该图案在绿色背景的衬托下显得动静相宜，张弛有道。绿色的背景，是春天的象征，一年四季绿意盎然，寓意孩子们就是祖国的春天，祖国的未来。

图案上方是隶书书写的"南乐博文中学"的校名，给人以文静美，秀气美；下方是魏碑体书写的学校的校训："厚德、尚礼、博学、致远"。给人以刚强美、刚健美。整体看来，有柔有刚。整个校徽寓意博文中学既注重教书，更注重育人，是一个以基础教育为主，注重学生全面发展的全日制初级中学。

此外，博文之博，乃博大胸襟，博文之文，即以人为本。

宋善玺校长胸怀天下，把人的成长视为天下最大的事情。正因为此，博文中学才会日益壮大，声名远播。这，可以称为"博文现象"。

离开的人常常心中怀念。而在此工作的人，倍加珍惜。

张占国老师，2018年7月4日来博文工作。跟笔者谈起在博文的这些日子里，他感觉自己总是被幸福包围着，感觉幸福满满。话语间，脸上洋溢着幸福的笑容。他从教学、班级管理和创新协作意识三个方面与我们聊起了工作中淋漓尽致的幸福感。他说：

教学是学校一项关键环节，教学成绩的好坏直接影响着学校的长远发展。教学常规工作可谓重中之重，我们老师务必恪尽职守，做好自己本分工作。谈起教学，我深感有种幸福感。不论讲课，还是备讲批复考，各项工作干起来非常舒心。每项工作目标具体明确，离不开学校的"三级督导"制度，即"校委会督导，教科研督导，年级组督导"，层层督导提醒，致使每项工作落实到位，高标准高质量完成任务。另外，这样做也让我们养成一种良好的工作习惯，马上行动，说到做到。我教学我幸福，我工作我快乐！

作为班主任，我也干了好多年，但深感班级管理工作还有些棘手。可是，在博文中学我增长了见识，积累了好多经验。宋校长高瞻远瞩，每大周后周二早晨班主任例会"班级管理论坛"，优秀班主任经验介绍，宋校长支招传经送宝。这样为我们班主任工作提供了"法器"，各种经验，我们都可以借鉴使用，结合实际运用到我们自己的班级管理中。在博文做班主任，我深感幸福，能力和荣誉双丰收。宋校长、马校长等校领导私下也时常给我提一些班级管理建议，深感荣幸至极，满满幸福感。

没有成功的个人，只有成功的团队。只有团队成功了，我们才成功。校荣我荣，校耻我耻。学校里各项工作，大家齐心协力，共同努力。校委会领导，教研组长及备课组长，骨干教师及精英教师，积极毫无保留地分享其经验，为青年教师快速成长奠定坚实基础。博文所有教职工，大家亲如一家人，生活在这样一个和和睦睦大家庭中，我倍感幸福。

总之，作为博文一名教职员工，我骄傲，我自豪。我幸福，我快乐。但正因为这样一个大家庭，我工作干劲越来越大。我要继续努力工作，当然各方面我感觉还有很多不足，我还要不断学习，提升自我！比如通过微笑阅读打卡坚持读书，我由原来的被逼读书，到现在主动读书并成了习惯，深感被逼也是一种幸福。每一个博文人，都是幸福人，我坚信，我们博文美好愿景的实现指日可待。

体育老师杨云鹤见了我，说："王主席，我来到博文将近一年的时间，收获了许多。博文是个温暖的大家庭，虽然在这里待的时间不长，但是我收获了很多好朋友，我在博文担任的是体育，博文这个大家庭包容我，促进我，我得以快速成长，我觉得很幸运，在这里的每一天我都很幸福。这种幸福就是发自内心的，是无法用语言表达的，真心感谢博文这个大家庭，使我能在教师这个光荣而又神圣的职业领域得以成长。"

在教师座谈会上，胡艳玲老师争着发言：

土耳其有句谚语：上帝为每只笨鸟都准备了一根矮树枝。

我有幸在这里发言，心情非常激动。多年来是领导的殷切关怀给了我希望，是同事的帮助给了我力量，是家长的期待给了我信心，是学生的眼神给了我动力。前行的路上，我深深感受到教师职业的光荣和伟大。

作为一名博文的教师，我幸福，我骄傲，我自豪，首先感谢博文中学这个平台给我提供的学习机会，进步机会，感谢领导对我的悉心栽培，正是你们的宽容与呵护才成就了今天的我。在这里，我要对帮助过我的每一位领导说一声谢谢。

能与各位同事相处，我觉得自己是幸运的，一起工作的日子是快乐的，一起奋斗的日子是难忘的，各位同仁给我的帮助和关怀，我会永远铭记在心。

博文中学的学生可能不是成绩最好的，但一定是素养最高的；博文中学的学生可能不是最优秀的，但一定是最懂得感恩的；博文中学的学生可能不是最聪慧的，但一定是最努力的！

博文中学这个大家庭总让人感到温暖、幸福、自信、骄傲。

忘不了宋校长在节日时，给每位教师发放的小礼物；忘不了过生日时，送给我们的生日祝福；忘不了父亲节、母亲节时，宋校长代表学校给老师的亲人送上的问候；忘不了老师在生活上遇到困难时，宋校长伸出的援手。

我相信，在我们全体师生的共同努力下，博文中学会越办越好！

邵迎赞老师也说，进入博文中学三年以来，她时时刻刻都感到幸福。幸福是宋校长在节日送的各种福利，是同事之间的各种花样早餐。她心目中的幸福很简单，幸福就是你开心我也开心，你为我考虑，我也为你考虑，所以，她心目中的幸福教育是以真诚对待学生，真正为学生着想，在他们需要帮助时施以援手，从生活中的点滴小事做起，"赠人玫瑰，手留余香"，帮助学生的同时，教师也会收获幸福。

记得有一次早餐时间，邵老师恰好从班级门前经过，看到一位女同学趴在课桌上，她就走过去问："为什么不吃饭呢？"女同学回答说："肚子疼。"了解到情况后邵老师在办公室拿了暖宝宝贴以及小面包给同学。没想到下午上班时，邵老师的办公桌上出现了几颗糖和一张小便利贴。上面写着："谢谢老师，希望您每天的生活可以像糖果一样甜。"顿时，邵老师的心里暖暖的。

访问结束后不几天，作为班主任的凡聪慧老师给我发来了一篇文稿《播种快乐，收获幸福》，文中写道：

幸福来自家人们的帮助

班主任工作是以前我从思想上比较抵触的，我一直都觉得班主任工作很繁琐，天天还得早起，太折磨人。但是送走两届毕业生之后，我发现毕业走了的学生往往对班主任记忆最深刻。所以，今年想尝试一下班主任工作。开学之初，有各种各样的问题不会处理，多亏了同年级组的其他班主任老师帮忙，让我在那么多繁重的工作之下，没有被压得崩溃。记得第2次月考班里成绩倒数第一，我当时心里很不舒服，王雪琴主任安慰我说，自己尽力了，对得起自己的良心，问心无愧，学生的成绩会慢慢有所改善的，告诉我不要着急，要有耐心。带我们班语文课的魏寨勇主任也安慰我，并在我还没彻底摸清班情的时候，告诉我本班学生的一些状况，原来这个班的学生普遍比较老实（说得实在点儿，就是普遍比较笨一些），同时他也给我支了很多招。我深深感受到了来自家人之间彼此帮助的幸福。

幸福来自学生的暖心

学生成绩不好，我性子又比较急，所以经常在教室里吼学生，后来嗓子完全哑掉，发不出任何声音。有一节课我进到教室里，有同学告诉我说："老师这节课让我们自习吧，你休息一下，给我们安排任务，我们不会捣乱的，会好好学的。"听到这些话，心里顿时就泛起一股暖流。在下课之后，学生们给我送来了金嗓子含片，当时特别感动，觉得成绩不好又如何，难得的是学生都懂得感恩，把暖心含在嘴里，我感觉自己非常幸福。

幸福来自进步的快乐

之后，有学生专门找我聊天，告诉我说，老师您不要着急，我们所有人都会好好学习，不会辜负您，希望您给我们时间，还有信心。我专门开了一次以沟通为主题的班会，在那个班会上，我跟学生们聊了很多，谈了很久，我发现孩子们的内心很单纯，并且几乎所有学生都表达了发自内心想要进步的愿望。慢慢地，我和学生之间的沟通越来越多，彼此也越来越了解，经过大半年的磨合，我跟学生之间有了默契，我们班也慢慢变得越来越好，现在我跟我的学生们都感觉很幸福，我相信在三个月之后的中考，我们也一定能够超常发挥，取得佳绩。

八年级10班李铭昊妈妈对我们说：

幸福是什么？有人认为幸福看不见、摸不着，无从谈起；有人认为幸福遥不可及。其实，幸福很简单，幸福就在身边，幸福就在孩子的成长路上。

自儿子呱呱坠地的那一刻起，我就尝到了初为人母的喜悦和幸福。看着儿子从襁褓中的婴儿到牙牙学语，再到蹒跚学步，我更进一步理解了幸福的含义。

当七八岁的儿子自己骑着自行车去上学时，我为儿子的自立感到骄傲。得知儿子第一次住校不哭不闹时，我心里甚是欣慰。

让我倍感幸福的是从儿子进入中学的大门到军训结束那天，我早早地去学校接他，望着儿子晒得发黑的脸庞，我很是心疼，可儿子却兴高采烈地告诉我，他很喜欢这所学校，因为学校的饭菜比我做得好吃，他的每一位老师都很关心他，同学之间团结互助、和睦相处，让他在学校找到了家的感觉。瞬间，满满的成就感和幸福感占据了我的内心。

因特殊原因，我放心不下儿子，所以我经常在晚上去学校看他。记得那次我去看他，准备离开时，儿子认真地说：

"妈，天晚了，您路上一定要小心！以后您尽量不要晚上看我了，免得我担心您！"我微笑地说："儿子，不用担心我，我没事。"儿子到现在都不知道那次我是流着泪离开学校的，那眼泪就是对幸福最好的诠释呀！

2020年突如其来的疫情，延迟了开学时间，却也成了我们母子共处的最长时光。在共处的日子里，我为他有时不认真上网课大发过雷霆；我为他早晨不按时起床而施用过小暴力。当然，我也为他的英语写作能力有了丁点儿提高而暗暗地高兴；也为他的数学成绩取得丝丝进步而给予过鼓励。这些都会成为我最珍贵的幸福记忆。最让我难忘的是我们母子一起晨跑，一起打羽毛球，一起动手包饺子的情景，这其中包含着的甜蜜是为幸福锦上添的最美的花朵。更让我感到骄傲的是在我劳累时，他会主动承担起做饭、洗碗、收拾房间的家务，有时还帮爷爷做一些农活。都说女儿是父母的"贴心小棉袄"，可我这儿子简直就是在发挥"军大衣"的作用呀。

这就是幸福！我会尽全力守护这份幸福，也会真诚地、永远地感谢博文给孩子良好的学习环境，感谢博文雄厚的师资力量，感谢孩子遇到的每一位老师，孩子的成长变化离不开他们的谆谆教诲，感谢他们让我真切感受到的幸福滋味！

幸福是什么？幸福是一种别具一格的内心体验，是一种无穷无尽的食髓知味。幸福在哪里？幸福在温暖的博文大家庭里，在每个老师和学生的心底里。

在博文，无论你什么时间什么地点遇到什么人，你第一眼看到的一定是他们洋溢在脸上的幸福的笑容。

让我们听一听博文中学全体师生的共同心声——《爱我博文》：

【师A】 每当我/踏着晨光/走进美丽的博文，心中便涌起无限的激情与畅想，作为一名老师，我深爱着我可爱的学生，深爱着我的三尺讲堂。

【师B】 那一根根充满灵性的粉笔啊，搭起了一阶阶/华美的楼梯，引导着我的学生/一步步走向/知识的殿堂。

【师C】 教室里，书声琅琅，那朗朗的书声，犹如清澈的甘泉/在我的心田轻轻流淌。

【师B】 校园中，歌声飞扬，那飞扬的歌声，犹如出征的号角/激荡着我的心房。

【师合】 一只只鼓起风帆的小船/正在这里积蓄力量，准备远航……

【生A】 每当我踏着晨光走进令人心驰神往的课堂，一种无以言状的激动在我全身荡漾。

【生B】 从我踏进博文的第一天起，您就带给我无尽的关爱和无尽的梦想。您眼里的一泓清泉啊，将我灌溉，将我滋养。

【生C】 作为一名学生，我深爱着我们的博文，我们的讲堂。我喜欢每一个方块字，每一个英语单词，每一个方程式，每一块陆地和海洋。

【生ABC】 在知识的殿堂里我们品味着创造的乐趣，品味着成功的喜悦，追寻着一个个梦想，我们和太阳一起出发，去创造人生的辉煌。

【师合】 每当我们踏着星光/离开美丽的校园，回头凝望，那不夜的灯火啊，和天上的星星/一同闪亮。

【生合】每当我们踏着星光/离开不舍的课堂，回头凝望，每张课桌上都留下了我们奋斗的诗行。

【师A】多少次，孤灯伴我到深夜，为了激发全体学生的兴趣，为了把每节课讲成高效课堂，我凝神思索，冥思苦想。一座座山峰被征服，我又向更高的山峰展望。

【生ABC】老师啊，为了我们身心健康，您精心备课，忘记了时间，忘记了劳累，忘记了家庭，一道道皱纹在您的眉宇间滋长。我们却总是看到您神采奕奕，闪耀着幸福的容光，您的幸福从何而降？

【师C】每个人对幸福的理解都不一样，其实，老师很满足，是你们这些学生啊，延续着我的生命，谱写我人生美妙的华章。

【师B】我并不贫穷，当一条条短信从远方传来，当一张张幸福的笑脸/簇拥在我的身旁，那无尽的幸福/在我心底流淌。

【师A】我不是巨人，但我愿我的学生/能够高高地站在我的肩膀上/眺望远方。

【师B】老师的幸福在你们的练习本上闪烁，老师的幸福在你们的试卷中荡漾。

【师合】老师的幸福在你们的成长中延伸，老师的幸福在你们的成功中绽放！

【师C】博文这块沃野上，有那么多真诚而期待的目光：领导的关怀，社会的期待，家长的盼望，她温暖着我们每一位老师的心房，也让我们全体老师感到了肩上担子的分量。我们能够做到的/就是——

【师合】努力为孩子们/搭建登天的云梯，插上腾飞的翅膀！

【师A】我们不图高官厚禄，也不图名留青史，

【师合】只图奉献我们的热和光！

【师合】我们永远不会忘记我们的承诺：将每一位家长当成兄弟姐妹，

将每一个学生视为亲生子女；

将每一节课堂讲成艺术精品。

我们要努力做到："身正、学高、严谨、善教"。

我们决心：每分每秒都不虚度；

每节课都有学生吮吸不尽的营养。

【生A】老师啊，您甘为人梯，大爱无疆，让我们踩着双肩去攀登理想的殿堂；

【生B】老师啊，您甘为蜡烛，燃烧自己，在黑夜中为我们指引前进的方向；

【生C】老师啊，您甘为渡船，乘风破浪，带我们去遨游那知识的海洋；

【生B】老师啊，您甘为春蚕，吐尽银丝，为我们织出人生最美好的衣裳。

【生ABC】柳丝牵动着/我/对您的敬畏，雨滴滋润着/您/对我的喜爱……

【师合】我们愿做一缕缕春风，吹拂那满园桃李芬芳……

【生ABC】老师，您常说，是花儿就让她尽情绽放，是鸟儿就让她展翅翱翔，在学校，我们完善了人格，张扬了个性，培养了特长，到放飞的时候，我们有了一双搏击长空的翅膀，但不管飞到哪里，您都是我们的楷模，都是我们的榜样。博

文中学——永远是我们/最/魂牵梦绕的/暖房。

【师A】半年的时光，如白驹过隙，在这里我们播撒了汗水，收获着希望。

【师B】勤奋创新的博文师生是那样的有魄力、有胆量，知难而进，奋勇向上。

【师C】若干年后，当北大、清华等所有名校都有你们的身影时，我们会感到无限的骄傲与荣光。

【师合】我们期待博文中学不断进步，期待学校创造辉煌，更加期待孩子们的明天会更好。期待博文中学的旗帜——

【生AB】在南乐——

【师合】在濮阳——

【生AB】在豫北——

【师合】在中原大地——

【师生合】永远永远高高飘扬！

听着由高来印老师执笔的这篇诗朗诵，你是否和我一样心灵震颤热血激荡！

身为博文中学当家人，回顾学校从无到有、从小到大的成长历程，面对鼓舞人心的发展前景，宋善玺校长豪情满怀，赋诗一首《我骄傲，我是博文人》——

在我们濮阳，

有无数所学校，

我们选择了博文，

我骄傲，我是博文人！

在这里，有先进的理念，
成人成才，德育领先；
知行合一，快乐平安。
我骄傲，我是博文人！

在这里，有优雅的环境，
设施先进，配套齐全，
窗明几净，整洁美观。
我骄傲，我是博文人！

在这里，有优秀的老师，
身正学高，观念前沿，
爱生如子，百问不厌。
我骄傲，我是博文人！

在这里，有亲爱的同学，
互助互爱，你追我赶。
学海同舟，书山同攀。
我骄傲，我是博文人！

初中三年，人生的关键。
我们有幸走进，
博士的摇篮，
我骄傲，我是博文人！